영향력을 돈으로 만드는 기술

영향력을 돈으로 만드는 기술

작은 영향력으로
큰 결과를
만들어 내는

마이크로
인플루언서

박제인 지음

천그루숲

> 영향력이 무기가 되는 시대,
> 지속적인 수익 창출을 위한
> 시스템을 구축하라!

머리말

　지금은 '인플루언서의 시대'라고 말해도 과언이 아닐 정도로 1인 미디어를 통해 자기만의 영향력을 갖게 된 사람들이 소리 없이 시장을 움직이고 있다.

　수억의 개런티를 주고 톱스타를 모델로 쓰던 광고 시장에서 이제는 온전히 온라인 시장만을 타깃으로 한 바이럴 광고를 만들고, 인플루언서의 개인방송을 통해 홍보를 하고, 더 나아가 그들이 스타 대신 모델이 되어 고객에게 상품의 이미지를 전달한다. 인터넷 스타를 B급이라고 무시하던 시대는 이제 지났다.

　인플루언서의 영향력이 이만큼 커지게 된 데는 스타는 범접할 수 없는 대상이라고 생각하지만, 인플루언서는 나와 같은 보통사람에서 출발했다고 느끼기 때문일 것이다. 그래서 '나 역시도 그 사람처럼 될 수 있다'는 희망을 가지고 너도나도 '인플루언서'를 꿈꾸고 있다. 그러나 누구나 될 수 있다는 말은 그만큼 모두와 경쟁해야 한다는 말이기도 하다. 이러한 무한경쟁의 시대에서는 단지 숫자 늘리기만으로 얻은 영향력이 아니라 소수지만 결과가 나오는 방법, 메가 인플루언서가 아닌 마이크로 인플루언서로서 나만의 영향력을 온전히 펼칠 수 있는 방법이 필요하다.

실제 통계를 보더라도 100만 명 이상의 팔로워를 지닌 '메가 인플루언서'보다 500~10,000명의 팔로워를 보유한 '마이크로 인플루언서'가 팬들과 가깝게 소통하고 관심 분야에 대한 전문성이 높아 팔로워와의 신뢰도가 높은 것으로 나타났다. 또한 팔로워가 홍보 내용에 반응하는 '좋아요' '댓글' '공유' 지수 또한 메가 인플루언서보다 마이크로 인플루언서가 6배 가량 높다고 한다(출처 : 미국 광고 전문지 〈애드위크〉). 광고비 대비 효율을 따지는 광고 시장에서는 이러한 변화에 빠르게 주목해, 1명의 메가 인플루언서보다 1,000명의 마이크로 인플루언서에게로 투자의 방향을 돌리고 있는 추세이다.

나 역시 팔로워 1만 명을 웃도는 마이크로 인플루언서이다. 대단한 팔로워 숫자를 지니고 있지 않은 내가 이 책을 쓸 수 있었던 이유는 작은 영향력으로 큰 결과를 내는 방법에 대해 끊임없이 연구하며, 일련의 결과를 만들어 왔기 때문이다.

나는 1등이 되고 싶은 사람이 아니다. 굳이 숫자로 등수를 매긴다면 내가 속한 카테고리에서 열 손가락 안에 드는 정도면 충분하다고 생각한다. 나는 돈과 자유, 이 두 가지 모두를 포기하고 싶지 않다. 유명해지지 않아도 소리 없이 돈을 많이 버는 사람이고 싶다. 그리고 그에 대한 해답을 찾은 것이 바로 마이크로 인플루언서로 머물며 내가 속한 카테고리 안에서 작지만 강한 영향력을 펼치는 것이다.

나는 이 책에서 보통사람들이 그들의 숨어있는 재능을 찾아내 그 재능을 온전히 발휘할 수 있는 가능성을 이야기하고 싶었다. 우리에게는 누구나 전달하고 싶은 나만의 콘텐츠가 있다. 그 콘텐츠를 잘 정리하고 가공해 꾸준하게 기록할 수 있다면 당신도 이제 인플루언서의 대열에 합류하게 될 것이다. 우리 모두 함께 노력해 보자.

이 책에는 마이크로 인플루언서로 활발하게 활동하고 있는 다양한 분야의 사람들이 등장한다. 당신과 같은 보통사람에서 출발해 자신만의 영향력을 만들어 가는 사람들의 이야기를 소개한다. 그들의 이야기를 통해서도 많은 것을 배우고 얻을 수 있을 거라 믿는다. 그리고 흔쾌히 이 책에 본인들의 이야기를 담을 수 있도록 허락해 준 그들에게 진심으로 감사의 마음을 전한다.

생각대로사는여자

박제인 드림

차례

인플루언서로서 가치를 드러내는 방법

영향력을 유지하는 방법

영향력을 돈으로 만드는 방법

지속적인 돈벌이를 위한 시스템 구축법

지금의 삶은 어쩌면 필연인지도 모른다

29살까지 13가지 직업으로 살아온 삶

시작은 나의 선택이 아니라 어쩔 수 없는 현실이었다. 스물아홉까지 나는 무려 13가지의 직업을 거쳤다. 백화점 식품관 점원, 영화 촬영 스태프, 대학 조교, 바텐더, 웨딩 촬영 기사, 화장품 방문판매원, 보험 판매원, 신발 가게 사장, 환전소, 모바일 회사 영업사원, 유통회사 직원 …. 그중 내가 원했던 직업은 어릴 적부터 꿈꾸던 영화감독이 되고 싶어 촬영 현장에서 일했던 것 하나뿐이었다. 하지만 스태프 막내부터 시작한 촬영 현장은 참혹했다. 조명 스텝으로 시작했던 나는 조명 스탠드를 받치기 위해 쓰던 5kg

짜리 샌드백을 6개씩 쥐고 매일 현장을 뛰어다녀야 했고, 짐을 지키며 스탠드를 붙잡고 잠이 들기 일쑤였다. 남자 스태프들의 밥 먹는 속도에 맞춰 눈칫밥을 먹느라 체하기를 반복하다 응급실에 실려 가기도 했다. 게다가 전국의 촬영지를 쫓아다니느라 모텔 방을 전전하며 생활해야 했다.

분명 내가 하고 싶었던 일이었지만 평생 이 일을 할 수 있을지, 그만큼 내가 이 일을 사랑하는지 정말 알 수 없었다. 고민에 고민을 거듭했지만 결국 답을 찾지 못했고, 도망치듯 한국을 떠나 호주로 날아갔다. 호주에서의 생활은 즐거웠다. 3년 반을 그곳에서 지내며 온오프라인 커뮤니티를 만들어 활성화시켜 보기도 하고, 여러 가지 액티비티를 즐기는 사교모임도 진행해 보고, 시드니 시내에서 제일 높은 빌딩 12층에서 운영한 신발 가게에서의 작은 성공을 통해 내 재능을 발견하기도 했다. 하지만 한국으로 돌아와서는 또다시 예전의 현실이 반복되었다.

호주에서의 나의 경력은 이력서에 넣어 봤자 전혀 도움이 되지 않았다. 갈 곳 없던 나는 결국 삼촌이 운영하는 유통회사에 낙하산으로 취직했고, 블로그와 카페에서 공동구매로 물건을 파는 일을 담당했다. 그런데 이렇게 얼떨결에 시작한 SNS는 나의 적성에 딱 맞았고, 수많은 공동구매를 성공시키며 블로그가 돈이 된다는 것을 알게 되었다. 그 당시 출판사의 홍보 마케팅도 진행했었는데 "남의 책만 팔아주지 말고 네 책을 한 번 써서 팔아보면 어때?"라는 타래출판사 본부장님의 제안으로 첫 책 《블로그 투잡 됩니다》를 쓰게 되었다. 그리고 이 책이 운 좋게 마케팅 분야 1, 2위를 달리는 베스트셀러가 되며, 억대 연봉을 버는 전국구 강사로 SNS 시장에 혜성같이 등장했다.

변화가 필요한 때

하지만 그렇게 잘 벌고 잘 나가던 시기는 책을 출간한 지 2년까지였다. 사실 3년을 버틴 것도 용했다. 내 책이 나온 이후, 관련 분야의 책들이 줄줄이 출간되었고, SNS 분야의 강사와 컨설턴트들이 대거 등장했다. 그런데 당시 나는 블로그 상위노출 기술은 언제든 변할 수 있다는 것을 알고 있었기 때문에 스킬을 강의하지 않았다. 나는 스킬보다는 브랜딩의 중요성을 강조했고, '나'라는 브랜드의 가치를 높이는 방법을 전달하기 위해 노력했다.

스킬을 가르치지 않으면서도 지금까지 꾸준하게 강의를 할 수 있었던 것은 처음부터 '퍼스널 브랜딩'에 대해 이야기를 했기 때문이었을 것이다. 나는 2012년 첫 창업을 할 때 회사명을 '친절한 세인씨'라고 지었다. 나를 브랜드로 만들기 위해 '퍼스널 브랜딩'

이라는 영역에서 내 스스로 영향력을 펼쳐나갈 새로운 경기장을 만들어 선수로 뛰기로 마음먹은 것이다. 당시 지인과 이런저런 이야기를 나누다 "아직까지 제가 뭐하는 사람인지 잘 모르는 분들이 계시더라고요."라고 말하자 그분이 이렇게 말했다. "왜요? 세인 씨는 박세인을 하는 사람이잖아요." 그랬다. 나는 박세인을 하는 사람이었다. 그렇게 나는 나를 브랜딩하고 있었다. (나는 2021년 '박세인'에서 '박제인'으로 개명을 했다. 이 책에서는 책 출간 당시의 이름인 '박세인'과 개명한 이름인 '박제인'이 같이 나오니 이 점 참고해 주시기 바란다).

하지만 현실로 돌아오면 나를 찾는 시장은 확실히 줄어 있었다. 정확히 말하면 자신을 브랜딩하고 싶어 하는 시장은 엄청 커졌는데, 내가 그걸 해줄 수 있는 사람인 걸 아는 사람이 많지 않았다. 지금 내가 또 한 권의 책을 쓰기로 결심한 것도 그걸 다시 세상에 알려 재기를 꿈꾸기 위해서이기도 하다. 시장에 내가 꼭 필요한 사람이라는 것을 다시 콕 집어 알려줄 때가 된 것이다.

나는 회사에 적합한 사람이 아니었다

전년도 대비 매출이 급격히 줄었던 해, 극도의 위기감을 느꼈다. 이대로 내가 묻히는구나…. 하지만 마땅한 대안이 떠오르지 않았다. 그러다 우연히 입사 제안을 받았다. 복합문화공간을 만드는 스타트업에 창업 멤버로 합류하는 것이었다. 연봉 계약은 6,000만 원으로 합의되었다. 직전 2년간 강의와 사업을 하며 올렸던 매출을 근거로 평균을 내어 그보다 약간 낮은 금액으로 계약을 했다.

하지만 시작은 그럴싸했는데, 과정은 아름답지 못했다. 나는 회사에 적합한 사람이 아니었다. 회사에 다니는 동안 의욕적으로 열심히 해보려고 했지만, 나는 계획형 인간이 아니라 현장형 인간이다 보니 모든 것을 서류상 근거로 만들어 먼저 보여줘야 하는 회사의 업무방식과 너무 맞지 않았다. 그냥 하면 되는 걸 왜 그렇게 모든 것을 확인하고 움직여야 하는지 매우 비합리적으로 느껴졌다(물론 지금은 경영자의 입장에서 볼 때 어느 정도 이해가 간다). 일의 최종 결정권한이 나에게 없다는 것 또한 스트레스였다. 믿고 맡겨주면 보여줄 수 있는데, 믿게 만드는 것이 너무 오래 걸리고 힘들었다. 당시 내겐 그만큼의 설득의 기술이 없었던 것이다. 링거를 꽂아둔 것처럼 정확한 주기에 맞춰 반짝하고 나를 기운나게 해주는 월급이 매달 꼬박꼬박 통장에 꽂혔지만, 내 마음은 텅장처럼 텅텅 비어가고 있었다.

내 능력을 회사에 기부할 수는 없다

그런 공허함 때문이었을까? 회사에 있는 시간이 지속될수록 난 딴짓을 하고 있었다. 회사에 다니면서도 SNS를 멈추지 않았고, 퇴근 후에는 외부 모임을 이어나갔다. 회사가 날 책임져 주지 못할 때를 대비해, 내가 회사를 그만둘 때를 대비해 플랜B를 만들고 있었던 것이다.

이상하게도 회사에 적응하려고 하면 할수록 그동안 내가 했던 일들이 얼마나 멋지고 더 생산적인 일인지 느낄 수 있었다. 내 스스로 결정하고 결과에 책임지는 것에 대한 불안함도 더 이상 부담이 아니라 행복이라는 생각이 강하게 들었다. 그리고 그 부담의 크기에 비례해 성과에 대한 칭찬 역시 온전히 나에게 온다는 것을 알게 되었다.

더 재미있는 건 근무시간 외 짬나는 시간에 했던 개인적인 일들의 성과가 그동안 내가 온전히 일했던 성과보다 더 좋았다는 것이다. 그 차이는 아마도 '간절함' 때문이었을 것이다. 창업 6년 차였던 당시 나는 내 삶에 안주해 적당한 성과까지만 나오면 '이정도면 됐지' 하고 손을 놨던 것 같다. 그런데 직장에 있으니 그 일이 얼마나 소중한지 깨닫게 되었고, 어떻게 하면 직장에서의 고정소득보다 더 안정적으로 내 일에 온전히 집중해 성과를 낼 수 있을지 간절히 고민하게 되었다. 어쩔 수 없는 고정근무 덕분에 제한된 시간과 환경 속에서 성과를 내는 연습을 하게 된 것이다. 지금 생각해도 너무 짧은 이별이었지만, 그렇게 나의 직장생활은 5개월 만에 막을 내렸다.

호기심 가득한 다능인

나는 어릴 때부터 호기심이 많았다. 이것도 하고 싶고 저것도 하고 싶고…. 그런데 실제로 그렇게 자라지는 못했던 거 같다. 부모님은 내게 늘 선택할 수 있는 자유를 주었지만 그에 따른 책임감도 함께 주셨다.

"네가 하고 싶다는 것은 얼마든지 하게 해 줄 거야. 하지만 그 대신 너는 그 일에 대해 책임져야 해."

하지만 '책임'이라는 말은 오히려 나를 아무것도 시작할 수 없게 만들었다. 하다가 포기하는 것에 대한 비난을 감당하기보다 안 하고 책임지지 않는 것을 선택한 것이다.

그렇게 어린 시절 나는 재미있게 즐길 수 있는 태권도, 수영, 기계체조, 유도 등 다양한 몸 쓰는 활동을 통해 내 욕구를 분출하며 자랐다. 그리고 어느 정도 스스로 결정할 수 있는 자존감이 생기고, 하고 싶은 것이 실패했을 때에도 감당할 수 있는 멘탈과 경제력이 생기면서 본격적인 딴짓이 시작되었다.

나는 지금 그림을 그리기도 하고, 노래를 만들기도 한다. 때때로 내 이름을 건 방송과 토크쇼를 하고, 좋아하는 문구와 굿즈를 직접 제작해 판매하기도 하고, 사람들의 책을 만들어 출판하기도 한다. 이렇게 세상사에 관심이 많은 내가 한 가지 일에만 매달리는 것이 과연 맞는 것일까? '한 우물을 파야 성공한다'는 것은 일정 분야에 귀속되어 버린 사람들의 말일 뿐이다.

TED의 최고 인기 강연이었던 〈어떤 사람들에겐 하나의 천직이 없는 이유〉에서 에밀리 와프닉은 다능인(Multipotentialite, 멀티포텐셜라이트)에 대해 명명하며, 이들의 통합능력과 빠른 습득력, 적응력이야말로 끝없이 변화하는 이 사회가 가장 원하는 재능이라고 말했다.

이제는 남들이 "제인 씨는 왜 그렇게 하는 일이 많아요?"라고 물으면 나는 이렇게 대답한다. "저 같은 사람이 한 가지 일만 하는 건 사회적 손실 아닌가요?"라고!

아무도 안 써주면 내가 나를 고용한다

'하고 싶은 게 있다?' '되고 싶은 게 있다?'

그럼, 대부분의 사람들은 그렇게 되기 위해 열심히 노력하고 준비해 누군가 나를 써주기를 기다린다. 하지만 나는 그렇게 살지 않았다.

오프라 윈프리처럼 내 이름을 건 토크쇼 호스트가 되는 꿈을 꾸었지만 카메라 공포증이 심해 얼굴 경련이 일어나 모든 졸업사진을 울고 찍어야 했던 나를, 경험도 없고 카메라 앞에서 벌벌 떠는 찌질이 같은 나를 어느 누가 써줄 리 만무했다. 보통은 그러면 포기하고 말지만 나는 그러지 않았다. 하고 싶은 게 있으면 나는 그걸 할 수밖에 없게 하는 '강제적인 환경'을 만들었다.

인천시에서 주최하는 아이디어 공모전에 '인천N북수다'라는 북토크쇼 방송 아이디어를 제출해 대상을 받았다. 1,500만 원의 지원금과 촬영장비를 제공받으며, 의무적으로 1년 동안 12편의 인터뷰 방송을 제작하지 않으면 지원금과 장비를 반납해야 하는 강제적인 사업에 뛰어든 것이다. 그렇게 나는 내가 만든 방송에 진행자로 셀프 데뷔했다. 첫 방송에서 인사말을 녹음하는데 NG가 열댓 번이나 났다. 하지만 마지막 방송을 할 때는 대본 없이도 유창하게 말을 잘하는 사람으로 변해 있었다. 환경이 나를 바꾼 것이다. 안 시켜주면 할 수밖에 없는 상황을 만들어 버리면 된다.

목표를 실행하게 만드는 또 다른 방법은 '입금'이다. 투자보다 확실한 건 없다. 처음 가수가 되겠다고 꿈꿨을 때 나 스스로도 미쳤다고 생각했다. 사람들 앞에서 노래하는 건 무대 공포증이 있었던 나에게 최대 공포를 일으키는 트라우마였기 때문이다. 노래방에 가도 한쪽 구석에 앉아 쿠션을 끌어안고 노래책만 뒤적이던 나였다. 그런 내가 가수라니…. 그런데 이미 나는 녹음비를 입금해 버린 후였다. 거액의 돈을 입금하고 환불도 안 되는 상황을 만든 것이다. 그래야만 (돈이 아까워서라도) 그 두려움의 산을 넘을 수

있을 것 같았기 때문이다. 결과적으로 나는 첫 노래를 무사히 녹음하고, 2018년 8월 15일 홍대 윤형빈 소극장을 빌려 콘서트까지 했다. 무대에서 벌벌 떨다 졸도할 뻔하고, 어머니는 창피하니 다시는 남들 앞에서 노래하지 말라고 하셨지만 그래도 난 해냈다. 그 무대를 본 한 페이스북 친구는 엄청 바들바들 떨면서 노래하는 내 모습을 보고 펑펑 울었다고 한다. 트라우마를 이겨내고자 하는 내 모습이 정말 인상적이었다며 말이다.

이제 세상이 변했다. 기다리지 않고 내가 먼저 움직이면 무엇이든 가능한 그런 곳으로 말이다. 된다고 믿고 방법을 찾아 나서면 당신도 역시 생각대로 살 수 있다.

PART
1

당신은
어떤
인플루언서를
꿈꾸는가?

> 초점을 맞추기 전까지
> 햇빛은 아무것도 태우지 못한다.
>
> ◆
>
> **알렉산더 그레이엄 벨**
> Alexander Graham Bell

당신은 무엇을 위해 SNS를 하는가?

　지금 당신이 있는 곳이 어디든 주위를 한 번 둘러보자. 사람들이 많은 곳이라면 더 좋다. 그들은 지금 무엇을 하고 있는가? 다들 고개를 숙이고 스마트폰을 보고 있진 않은가? 그리고 자세히 들여다 보면 그 많은 사람들이 고개 숙여 집중하고 있는 것은 바로 SNS다.

　그들에게 "왜 SNS를 하세요?"라고 물으면 "일에 도움이 돼서요" "돈이 되니까요"라고 답하는 사람은 얼마 없다. 대부분의 사람들은 친구와 소통을 위해 또는 다양한 정보와 트렌드를 파악하기 위해, 일상을 공유하기 위해 SNS를 한다고 말한다. 통계에 따르면 무려 46.9%에 해당되는 사람들이 '특별한 이유 없이 심심해서'라는 답을 하기도 했다. 그러다 보니 거리에는 스몸비(smombie,

스마트폰과 좀비를 합성해 만든 단어)가 넘쳐나고, 아이들은 같은 공간에 있으면서도 서로 대화를 하기보다 메신저 톡으로 소통을 한다.

개인이 SNS를 이용하는 목적은?

항목	비율
사람들과의 커뮤니케이션	63.2%
다양한 정보 및 트렌드 파악	60.7%
특별한 이유 없이 심심해서	46.9%
자신의 일상 소식 기록 및 공유	38.6%
이벤트 참여	23.2%
안하면 뒤처지는 것 같아서 마지못해	7.7%
업무를 위해	6.5%

자료: 알바천국, 10~50대 남녀 693명(중복응답)

SNS, 목적을 명확히 하자

우리나라 사람들은 하루 평균 1시간 20분을 SNS에 사용한다고 한다. 하루라는 한정된 24시간 중 상당한 부분을 SNS에 사용하고 있는 것이다. 이렇게 많은 시간을 투자하고 있다면 이제 명확한 목적을 가지고 SNS를 운영해야 한다.

한 우물을 파는 사람이라면 SNS를 통해 자신의 분야에서 전문가로 인정받아 몸값을 올리고, 더 높은 연봉에 스카웃 제안을 받아 이직하고, 더 나아가 창업을 할 수도 있고, 방송에 전문가 패널로 출연하는 꿈을 이룰 수도 있다.

작가를 꿈꾸는 사람이라면 SNS를 통해 내 글에 관심을 갖는 예비독자를 미리 만나 원고에 대한 독자들의 반응을 사전에 검증받고, 그들의 관심 분야에 대한 니즈를 파악해 좀 더 뾰족한 책을 기획하는 등 출판하고자 하는 책의 시장조사 창구로 활용할 수 있다.

당신이 취준생이라면 SNS를 통해 구직도 가능하다. 당신이 그분야의 취직을 위해 얼마나 노력하고 있고, 다양한 대외활동 및 네트워크를 만들기 위해 어떤 노력을 다하고 있는지, 내가 얼마나 직장에 적합한 사회성이 있는 사람인지를 SNS를 통해 충분히 보여줄 수 있다. SNS가 나를 표현할 수 있는 소셜커리어 이력서가 되는 것이다. 실제로 얼짱 출신 파워블로거이던 한 친구는 아성(애교 섞인 아이 목소리)이 심한 친구였지만 자신의 SNS 영향력을 적극적으로 활용해 쇼호스트로 구직에 성공하기도 했다.

만약 당신이 장애를 가지고 있더라도 SNS는 그 장애를 넘을 수 있는 출구가 될 것이다. 국내 최초 장애인 스탠드업 개그맨 한기명 님은 사고로 인한 후천적 장애를 극복하고 개그맨과 방송인으로 활발하게 사회활동을 하고 있다. 특히 장애를 극복하고 꿈을 이뤄낸 그의 인터뷰는 SNS를 통해 폭발적으로 바이럴되었고, 많은 사람들에게 동기부여가 되었다.

SNS를 하면서 목적이 있다는 것이 상업적이거나 속물이거나 계산적인 것은 아니다. 오히려 그렇게 하지 않는 것이 더 큰 손실이다. 지금까지 이유 없이 팔로워 숫자만 늘려오거나, 재미와 취미로만 사용하던 킬링타임용 SNS로 만족한다면 이 책을 읽지 않아도 된다. 하지만 SNS가 나의 영향력을 늘려주고 미래를 준비해주고 나의 목표를 이룰 수 있는 도구라는 것을 믿는다면 지금 다시 생각해 보자.

'나는 무엇을 위해 SNS를 할 것인가?'

TIP · SNS 목적 찾기

SNS를 통해 이루고 싶은 것에 체크해 보자. 만약 다음 항목에 원하는 결과가 없다면 빈칸에 직접 작성해 보자.

셀럽 인플루언서	전문가	작가	사업	취업
광고 수익	책 출간	책 판매	브랜드 인지	이직
세포마켓 / 스토어	강의 섭외	팬덤 형성	고객 발굴	PDF 노하우 판매
굿즈	칼럼니스트	커뮤니티 구축	고객 니즈 분석	리뷰단 / 체험단 응모
자체 브랜드 런칭	전문가 방송 패널	소재 발굴 / 예비 독자 반응 보기	영업	소통 / 친구 사귀기
기사 / 인터뷰	컨설팅 / 코칭 / 멘토링	독서모임 / 북토크쇼 섭외	판매	정보 / 트렌드 공유
방송 출연	온·오프라인 강의 개설	기사 / 인터뷰	마케팅	이벤트 참여
인맥 구축	자문위원 / 고문 섭외	방송 출연	홍보	업무

나만의 강점을 찾아라

나는 그동안 SNS에서 주목받아 온 인플루언서를 다양한 관점에서 분석해 왔다. 한 사람이 유명해져 가는 동안, 어떤 노력과 인맥 그리고 어떤 때 Timing 를 만나 지금과 같은 영향력을 가지게 되었는지 아주 가까이에서 그 과정을 지켜봤다.

인플루언서들의 초창기 모습은 대부분 평범했다. 자신의 주력 콘텐츠가 무엇인지 정해져 있지 않았기 때문에 콘텐츠가 잡다하고 중구난방인 경우가 많았고, 그렇다 보니 자기만의 색깔, 콘셉트, 브랜드명 등 그 어떤 것도 명확하지 않았다. 하지만 꾸준하게 다양한 시도를 통해 자기만의 주력 콘텐츠에 색깔을 입히며 콘셉트가 정해졌다. 그들은 그렇게 주력 분야에 대해 끊임없이 파고들며 덕후가 되었고, 그 덕질은 결국 덕업일치를 이루었다. 그리고 SNS가 많은 사람들의 일상 속으로 들어오면서 그들은 세상과 연결될 수 있는 큰 기회를 얻었다.

이처럼 플랫폼 안에 뛰어들 자기만의 콘텐츠를 미리 준비하는 것이 중요하다. 그리고 이에 앞서 나를 분석하고 우선적으로 나를 믿는 마음이 필요하다.

남과 다른 특성이 밥 먹여 준다

지금의 시대는 남과 다른 특성 하나만 있어도 먹고 살 수 있는 세상이다. 남들보다 잘 먹고, 맛있게 먹고, 그렇게 먹는데도 살이 안 찌는 특별함은 '먹방' 크리에이터라는 직업을 만들었다. 예전 같았다면 그렇게 많이 먹는 사람을 보면 '무식하다' '미련하다'라고 말했을 텐데 말이다. 하지만 지금은 그런 잘 먹는 '남과 다른 특성'이 밥을 먹여 주는 시대가 되었다.

남과 다른 특성을 찾을 때에는 긍정적인 피드백과 부정적인 피드백, 모두에 대한 가능성을 열어두고 생각하는 것이 필요하다. 내가 평소 생각지도 못했던 것들이 사람들의 반응을 이끌 수 있기 때문이다. 우선 내가 가진 남과 다른 특성이 '재능'이자 '자원'이라고 생각하는 순간부터 우리의 시각이 달라질 수 있다. 그 자원을 남들과 교환할 수 있는 가치를 지닌 것으로 '수익화'시키 겠다는 목표를 뚜렷하게 정하고 나면 그것이 필요한 시장을 찾을 수 있고, 그것을 필요로 하는 타깃을 정할 수 있고, 그 타깃이 활동하고 있는 채널을 찾을 수 있다.

하지만 아무리 생각해도 내게 남과 다른 특성이 하나도 없다면, 내가 가장 많은 시간과 돈을 투자하는 것에 주목해 보자. 투자한 시간과 돈이 많다는 것은 내가 그만큼 관심을 많이 가지고 있다는 것이기 때문에, 그 분야에 대한 관심을 좀 더 구체적으로 파고들기 시작하면 그 분야의 덕후가 될 수 있다. 이 또한 내가 그것에 관심을 가지겠다고 결정하기 이전에는 그런 시각이 열릴 수 없다.

〈내 인생 백일장〉이라는 책쓰기 프로젝트를 운영하고 있는 '쿰라이프게임즈' 배하연 대표는 세종대왕 덕후이다. 배 대표는 이러한 관심사를 그냥 취미에서만 그치지 않고, 세종대왕을 연구하는 최고권위자를 찾아가 세종실록 완독 공부에 참여하고 있다. 이 과정은 500쪽 분량의 《세종장헌대왕실록》 19권을 읽고 발제하는 수업인데, 무려 4년이나 걸린다고 한다. 배 대표는 세종실록을 공부하며 앞으로 세종대왕의 리더십을 접목시킨 경영에 관한 강의를 준비하고 있다고 했다.

내가 가진 재능이 남들보다 특별하지 않다면 여러 개의 재능을 합쳐 보는 것도 좋은 방법이다. 트로트를 부르며 태권도 공중곡예를 했던 태권트롯 나태주가 유명해진 것처럼 평범한 재능과 또 다른 평범한 재능이 합쳐지면 새로운 낯선 것이 탄생하게 된다. 지금 내가 가진 것에서 낯선 무엇을 더할지 고민해 보자. 그게 당신의 주머니를 톡톡히 채워줄지 어떻게 알겠는가?

이처럼 내가 좋아하는 것을 찾아 그 분야를 파고들면 그것을 수익화시킬 수 있는 새로운 기회는 열리게 마련이다. 우선 무엇을 불태울지부터 결정하자. 그리고 그것이 돈이 될 수 있는 곳으로 움직이자. 당신을 위한 기회는 충분히 널려 있다.

나만의 리그에서 승부하라

무슨 일을 할 때 실패하는 이유 중 하나는 목표가 뚜렷하지 않아서인 경우가 많다. 특정한 카테고리에서 강자가 되겠다는 목표가 아니라, 모든 영역에서 대중의 사랑을 받는 인플루언서가 되겠다는 목표를 세웠다면 그것은 추월차선이 아닌 인도에서 수많은 행인들과 부딪쳐 가며 달리는 길을 선택한 것이다.

특정 분야를 먼저 공략하라

짧은 활동기간에도 불구하고 엄청 빠르게 성장한 인플루언서들을 살펴보면 자신만의 특정 분야를 명확히 정하고 특정 메시지와 해시태그를 반복적으로 노출해 그 분야에 관심 있는 타깃에게 확실한 콘텐츠를 집중하여 전달했던 사람들이 대부분이다. 모두가 좋아하는 대중을 위한 것이 아니라 특정한 카테고리의 전문가이자 덕후로 인정받는 길을 선택한 것이다. 그리고 이렇게 한 분야의 전문가가 되고 나면 자연스럽게 영역의 확장이 일어난다. 방송을 통해, 인터뷰를 통해, 또 다른 인플루언서들의 채널을 통해 노출되는 영역이 넓어지고 영향력이 커지다 보면 자연스럽게 자신이 가진 매력을 더 많이 알리게 되고, 이것이 반복되면 대중이 알아보는 진정한 인플루언서로 성장하게 되는 것이다.

《몸짓 읽어주는 여자》의 이상은 저자는 비언어 커뮤니케이션 전문가로, 우리가 평소 무의식적으로 사용하는 바디랭귀지를 의식적으로 활용해 설득력을 높이는 방법에 대해 꾸준하게 연구해 왔다. 이상은 저자가 처음 강의를 시작할 당시만 해도 비언어 커뮤니케이션 분야를 다루는 국내 전문가가 많지 않았고, 연구자료 또한 국내보다 해외 자료가 더 많았던 다소 낯선 분야였다. 하지만 이상은 저자는 그 분야를 끊임없이 개척해 〈설득과 협상을 이끌어 내는 바디랭귀지〉 등 기업교육에 맞게 발전시켜 직장인들에게 큰 호응을 얻었다. 이렇게 한 분야에서 꾸준하게 브랜딩과 포트폴리오를 만들어 낸 결과 2019년 북미 정상회담 당시 생방송 SBS 뉴스를 통해 북미 정상의 몸짓언어를 스튜디오에서 직접 분

석하기도 했고, MBC 〈전지적 참견시점〉 등 다양한 예능프로그램
에 전문가 패널로 출연하는 등 뉴스와 예능을 오가며 대중의 사
랑을 받는 인플루언서가 되었다.

이러한 확장을 기대한다면 우선순위로 나를 알릴 카테고리가
무엇인지, 나의 특정 타깃이 누구인지 결정해야 한다. 나만의 리
그를 정하고 그 경기장에서 먼저 결정적 승부를 봐야 하는 것이
다. 그리고 그 리그에서 연승을 이루고 나면 다음 경기장으로 이
동하자.

한 가지 재능으로 문어발 수익 만들기

내가 정기적으로 진행하는 토크콘서트의 사진작가로 활동하고 있는 해피포터 이병재 님은 행사의 주인공과 참석자들의 순간 포착 사진을 잘 찍기로 유명한 아마추어 사진작가이다. 이 작가는 본인이 좋아서 시작한 사진이었고 취미였기에 누구나 불러주면 어디든 달려가 무료로 사진을 찍어주었다. 그리고 결과물이 좋았기에 많은 사람들이 그가 행사에 참여해 사진을 찍어주길 바랐다. 나 또한 그의 실력을 진작에 알고 있었기에 내가 진행하는 행사에 사진작가로 초청해 소정의 사례를 하며 사진 촬영을 의뢰하고 있다.

한 번은 이병재 작가에게 이런 재능을 수익화해 본 경험이 있는지 물어 보았다. 그는 아직까지 대가를 받고 사진을 찍어준 적은 없었고, 좋아서 하는 일이어서 굳이 돈을 받을 생각이 없다고 했다. 하지만 나는 사진으로 돈을 벌 수 있는 게 얼마나 많은데 왜 그렇게 생각하냐며 답답한 마음에 그 자리에서 사진으로 돈을 벌 수 있는 내가 알고 있던 방법을 정리해 보여 주었다.

사진으로 돈 벌 수 있는 방법

- 사진 잘 찍는 법에 대한 강의나 소모임을 만들어 참가비를 받는다.
- 출사 동호회를 만들어 입회비나 활동비를 받고 출사 여행을 기획하고 진행한다.
- 사진 촬영을 원하는 사람이나 행사에 초대받아 촬영을 해주고 촬영비를 받는다.
- 사진 작품전을 열어 입장료 또는 작품 판매비로 수익을 얻는다.
- 카메라 기기 관련 리뷰어로 활동해 제품을 제공받거나 원고료를 지급받는다. 향후 여유분의 기기는 중고로 재판매하여 수익을 낸다.
- 다양한 기자단과 서포터즈 활동을 통해 전시·행사 무료 참석 기회를 얻고, 활동비를 지급받는다.
- 온라인 이미지 제공 사이트(스톡이미지 플랫폼)에 이미지를 판매한다.
- 잘 찍은 사진을 커머스 상품(엽서, 머그컵, 다이어리 등)으로 만들어 판매한다.
- 직접 찍은 사진을 담아 사진 에세이, 여행 에세이 작가가 된다.
- 사진 공모전에 작품을 출품하고 우승 상금을 받는다.
- 사진 잘 찍는 법을 동영상 강의로 만들어 온라인 강의 플랫폼에 판매하거나, 유튜브에 업로드하여 광고수익을 창출한다.
- 잘 찍은 사진을 SNS에 올려 온라인 포트폴리오를 만들고, 팬덤을 구축해 계정을 활성화시켜 광고수익을 창출한다.
- 카메라 관련 장비를 추천하는 리뷰단 또는 공동구매를 통해 판매 수수료를 받는다.

내가 정리한 글을 보고 이병재 작가는 깜짝 놀라며 생각지도 못했던 거라며 고맙다는 말을 전했다. 나는 주위에 재능을 가지고 있지만 수익화를 하지 못하고 있는 사람들을 볼 때면 너무 아쉬움이 남는다. 본인이 잘한다는 것 자체를 모르는 것도 이유이겠지만, 알아도 '내가 그럴 자격이 될까?' '이제 시작하는 건데?'라는 자기검열의 덫에 걸려 뛰어난 재능을 그저 취미로만 활용하는 사람들도 많이 봤다. 한 번의 요청이 아니라 여러 번의 요청이 있었다는 것은 타인이 나에게 필요로 하는 것이 있다는 것이고, 그것은 곧 나의 재능을 수익화시킬 수 있는 자원인 것이다.

이제부터는 당신이 가진 재능을 세상이 필요로 한다는 것을 믿고, 주위에서 나와 같은 재능을 가지고 자신의 삶을 열심히 개척해 나가는 멘토를 찾아 그들의 성공사례를 벤치마킹하며 수익화를 위한 구체적인 목표를 세워 보자. 그러다 보면 당신의 통장은 텅빈 통장이 아닌 묵직하고 통통한 통장이 될 것이다. 남들이 할 수 있었다면 나도 할 수 있다. 물론 원하는 목표에 다다르기 위한 시간차가 있을 수는 있겠지만, 꾸준함을 이길 수 있는 건 없다.

'역시나 된다고 믿고 방법을 찾자.'

TIP 내가 속한 분야의 카테고리
강자를 찾아 벤치마킹하는 법

◆ 네이버 블로그 : 이달의 블로그

네이버는 매월 분야별 우수 블로그를 찾아 소개하고 있다

◆ 네이버 블로그 : 주제별 Top 블로그 보기

블로그 홈에서는 매번 새로운 주제별 Top 블로그를 볼 수 있다

◆ 블로그 차트 : 분야별 주간 차트

아임굿에서 운영하는 '블로그 차트'에서는 주간 블로그 순위를 볼 수 있다

◆ 녹스 인플루언서 : 유튜브, 인스타그램, 틱톡 순위

유튜브, 인스타그램, 틱톡, 트위치의 인기 인플루언서의 순위를 볼 수 있다

구체적으로 상상하고
효과적으로 표현하라

내가 퍼스널 브랜딩에 대한 컨설팅을 할 때 가장 먼저 묻는 질문은 "그래서 당신이 이것을 통해 이루고 싶은 목표는 무엇입니까?"라는 것이다. 그리고 컨설팅을 통해 목표가 정해지면 나는 그 목표에 도달하는 방법을 최대한 구체적으로 설계해 준다.

강연가가 되는 것이 꿈인 친구가 있었다. 그동안 100가지가 넘는 버킷리스트를 만들어 실천해 왔고, 그 꿈을 이루는 방법을 책으로 준비하고 있다고 했다. 그는 SNS 채널을 통해 자신을 브랜딩하고, 출판에 앞서 독자를 확보하고, 강연가로 섭외 요청을 받기를 원했다.

나는 그에게 "이 목표를 이루기 위해 당신이 지속적으로 할 수 있는 것은 무엇인가요?"라고 물었다. 그는 그동안 자신이 버킷리스트를 이루기 위해 실천해 왔던 100가지가 넘는 모험에 관한 경험을 기록하고, 일상 속에서 꾸준히 새로운 꿈을 실행해 나가는 것을 보여줄 것이며, 책을 홍보하고 자신의 브랜딩에 도움을 줄 수 있는 다양한 분야의 영향력 있는 분들과의 만남을 통해 조언을 얻고 그 과정을 꾸준히 기록할 것이라고 말했다.

나는 그가 꾸준히 할 수 있는 것을 '일상 속 메시지' '사람 속 메시지' '도전 속 메시지'라는 이름으로 구분하고, 강연가는 사람들에게 자신의 경험을 설득력 있는 메시지로 전달하는 메신저이기 때문에 앞으로 그가 작성하는 모든 콘텐츠는 '기-승-전-메시지'로 마무리하길 권했다. 이렇게 전달하고자 하는 모든 상황을 메시지의 프레임으로 만들어 세상을 바라보면 그의 모든 삶이 콘텐츠가 될 수 있기 때문이다.

구체적인 목표를 만들고 몰입하라

이 이야기의 주인공은 바로 《그냥, 해》의 최지훈 저자이다. 현재 자신이 꿈꾸던 저자가 되었고, 자기계발과 동기부여 관련 프로젝트와 강연을 진행하는 '체인지라이프'의 대표이자 강연가로 활발하게 활동을 이어가고 있다. 그는 자신의 목표를 뚜렷하게 그리고, 목표를 이룰 수 있는 방법을 찾아 실천하는 실행력 덕분에 또 하나의 버킷리스트를 이루고 현실에서 원하는 삶을 살고 있다.

100가지의 버킷리스트를 이루고 책을 출간한 《그냥, 해》 최지훈 저자의 출간 기념 강연회

강연가가 되고자 한다면 모든 것을 강연가의 입장에서, 그것을 듣게 될 청중을 대상으로 생각하고 행동하는 것이 가장 빠른 방법이다. 내 생각의 구조 자체를 바꾸는 것이다. 내가 목표로 둔 것에 몰입해 세상을 바라보는 연습을 하자.

'나는 어떤 프레임으로 세상을 바라볼 것인가?'

숫자로 표현하라

내가 하고 싶은 것, 할 수 있는 것이 정해졌다면 다음은 효과적으로 표현하는 것에 집중해야 한다. 《딜리버링 에너지》의 김진호 저자는 숫자를 활용해 자신의 영향력을 증명하고 있다. 나는 그가 진행하는 인터뷰의 70번째 인터뷰이 interviewee 로 인연을 맺게 되었다. 사실 인터뷰 요청을 받았을 때 '김진호'라는 저자에 대해 아무런 정보도 없었기에 어떤 사람인지 궁금해 블로그를 살펴보았는데, 첫 화면을 보자마자 인터뷰에 응하게 되었다. 왜냐하면 김진호 저자의 블로그에서 [1,403권째 북리뷰] [에너지인터뷰 69]라는 숫자를 보았기 때문이다.

블로그는 불특정한 사람들이 키워드 검색을 통해 자신의 관심사를 찾아내고 발견해 방문하게 되는 시스템이다. 예를 들어 책을 사기 전 그 책에 대한 독자의 리뷰를 보고 검증한 뒤 책을 사고 싶은 사람이 있다고 생각해 보자. 그 사람은 책 제목을 검색해 여러 사람이 쓴 리뷰를 볼 것이다. 이때 여러 글 사이에 [1,403권째 북리뷰]라는 제목이 붙어있는 글을 발견한다면 어떨까? 상식적으로 볼 때 우리는 '이렇게 책을 많이 읽은 사람이 쓴 리뷰라면 신뢰할 수 있겠네?'라는 생각을 하게 될 것이다. 그리고 마침 책을 좋아하는 사람이고, 블로거가 쓴 글과 내 주관이 일치했다면 그 블로그를 구독하고 팔로우하는 팬이 될 수도 있다. 이처럼 우리의 영향력을 검증하는 데에 있어 꾸준함을 숫자로 증명하는 것은 정말 좋은 수단이 된다. 타인에게 신뢰감을 줄 수 있기 때문이다. 김진호 저자는 지금도 실행력에 대한 강의를 하는 강사, 동기부여 자기계발 분야의 저자, 책 관련 방송을 하는 유튜버로 활발하게 활동하고 있다.

콘텐츠의 제목에 순차적으로 숫자를 붙이는 것은 조회 수를

늘리는 데에도 효과적이다. 우리가 드라마나 웹툰을 첫 회부터 보지 못했더라도 우연히 보게 된 회차가 유독 재미있었다면 처음부터 다시 찾아보듯 콘텐츠도 마찬가지이다. 제목에 넘버링을 해두면 앞뒤에 비슷한 종류의 글이 있다는 것을 처음 보는 사람도 알 수 있기 때문에 같은 카테고리 안의 글 조회 수가 덩달아 늘어날 수 있다. 그리고 콘텐츠가 많아지면 많아질수록 누적의 효과로 인해 해당 분야에 반복적으로 노출되며 사람들에게 기억되고 더 빠르게 전문가로 인식될 수 있다.

숫자만 늘리는 것은 의미가 없다

영향력을 키워 내 목표를 이루는 데에는 최소 몇 명의 팬이 필요할까? 만약 신이 내려주는 메가 인플루언서를 목표로 한다면 이 책은 그다지 도움이 되지 않을 것이다. 나는 팔로워의 숫자에 집착하는 것에 대해서는 부정적이어서 평소에도 '방문자의 수가 많은 것은 중요하지 않다. 내가 목표한 키워드를 장악하는 것이 중요하다'는 것을 강조하는 편이다. 그래서 숫자로 승부하는 것이 아닌, 작지만 결과가 나오는 마이크로 인플루언서가 생존할 수 있는 방법을 꾸준하게 연구해 왔다. 그 결과 다수의 대중이 팔로우하는 계정보다 소수의 핵심타깃이 팔로우하는 계정이 훨씬 더 전환율이 높다는 것을 알게 되었다. 나는 그 전환율에 집중했고, 그 덕분에 늘 원하는 성과를 낼 수 있었다.

대부분의 사람들은 팔로워가 적으면 목표시장이 작아서 그만큼 결과를 만들어 내기 어렵다고 말한다. 하지만 나는 시장이 작은 것이 더 결과를 만들기 쉽다고 생각하는 편이다. 그만큼 장악해야 하는 범위가 좁아서 그 안에서 1등을 하기가 쉬워지기 때문이다.

숫자보다 중요한 것은 결과를 내는 것이다

무조건 '좋아요' 숫자로만 영향력을 판단하는 사람들이 있는데, 아무리 '좋아요'가 많이 달리더라도 방문자들이 내가 판매하거나 제공하는 제품·서비스와 관련이 전혀 없는 타깃일 경우 기대한 결과로 이어지지 않는다.

실제로 내 페이스북 계정의 '좋아요' 수는 평균 50~100개 정도이다. 일반적으로 장기간 소통을 잘해 온 계정이라면 이 정도 숫자는 누구나 얻을 수 있는 수치이다. 이렇게 '좋아요' 수치로만 보면 아주 평범한 계정이지만, 나는 이 페이스북 계정을 통해 강의와 비즈니스의 연결이 80% 이상 이루어진다. 이것이 가능한 이유는 내 계정은 나와 오프라인에서 연결되었던 사람들이 60%, 나머지 40%는 직접 만난 적은 없지만 각자의 영역에서 영향력을 지닌 전문가, 회사 대표, 교육 담당자, 인플루언서로 이루어져 있기 때문이다. 물론 나도 페이스북을 처음 시작했을 때에는 큰 의미 없이 신청하는 누구나와 친구를 맺었다. 하지만 친구 수 5,000명이라는 제한에 걸리기 시작하며 실제로 소통하며 도움이 되는 사람들 위주로 친구를 맺기 시작했고, 그 외의 친구들은 자연스레 정리해 나갔다. 특히 이름 없는 계정, 외국인 계정, 활동영역이 뚜렷하지 않은 계정, 직접 글을 쓰지 않고 공유만 하는 계정 등은 친구 수락 요청이 와도 응하지 않았다.

이렇게 친구 정리를 한 후에는 대다수의 친구가 온라인과 오프라인에서 관계성이 짙은 사람들이다 보니 '좋아요'를 누르거나 '댓글'을 다는 숫자가 현저히 줄어들었다. 줄어든 이유는 '나는 너의 지인인데 모르는 사람들처럼 팬인 양 댓글을 달고 싶진 않다'는 것이었다.

하지만 그들은 '좋아요'와 '댓글'만 달지 않았을 뿐 만나보면 내가 올린 글을 통해 내 일거수일투족을 지켜보고 있었다. 다만 반응하지 않았을 뿐이었다. 내 고객들도 평소 내 활동을 꾸준히 지켜보면서 비즈니스 의뢰를 하는 경우가 많다. 그들이 필요한 부분을 내가 잘해 낼 수 있는 사람이라는 것을 내가 기록해 온 포트폴리오를 통해 알 수 있었다며 미팅을 제안했고, 이때는 문의가 아닌 일정을 정하기 위한 컨펌 연락이 대부분이었다.

숫자보다 관계 설정 포인트를 잡아라

여성분들의 계정 중 아저씨 그룹을 페친으로 맺고 있는 경우 '좋아요' 숫자가 몇 백 많게는 몇 천 단위로도 달리곤 하는데, 그럼에도 전환율 측면에선 아웃풋이 많이 떨어지기도 한다. 예를 들어 계정의 '좋아요' 반응률만 보고 여성 화장품 광고를 의뢰해도 실제 사용자 그룹과 매칭이 안 되기 때문에 좋은 성과로 이어지지 않는 것이다. 특히 양질의 관계 맺기에 실패한 계정은 가벼운 인사말이나 무조건적인 예찬이 담긴 댓글로 도배가 되는 경우가 많기 때문에 진심을 다해 소통하고자 다가가는 사람들에게는 거부감이나 부담감이 느껴져 이탈하곤 한다.

반면에 오픈마켓과 SNS를 통해 여성 화장품을 판매하는 한 남성 CEO는 타깃에 맞는 젊은 여성들과 전략적으로 친구를 맺어 영향력을 키워가며 크게 사업적 성공을 이루기도 했다. 그는 제품 출시 전 상품 포장 패키지를 정하는 것부터 시작해 제품 네이밍 공모전 등의 이벤트를 통해 실사용 유저가 될 수 있는 가망고객(젊은 여성 고객)과 친밀한 소통으로 신제품 아이디어를 적용시켜 나가며 제품군을 늘려 나갔다.

소비자 입장에서는 자신이 호감 있게 소통하던 'SNS 친구'가 직접 운영하는 비즈니스라는 생각에 조금 더 관심을 갖고 참여하곤 했는데, 특히 자신의 의견이 반영된 제품이 출시되면 그것이 또 하나의 관심으로 이어지는 접점이 되면서 자연스럽게 충성고객으로 연결되었다. 또한 회사의 제품을 실제로 사용하는 타깃들이기에 체험단과 리뷰단도 큰 힘을 들이지 않고 모집할 수 있었다. 아주 똑똑한 영향력을 구축한 결과이다.

이처럼 숫자 늘리기에만 연연할 것이 아니라 내 계정을 내가 목표한 대로 움직일 수 있게 만들어 주는 소수이지만 영향력에 도움이 되는 양질의 친구와 관계를 맺고 소통해 나가야 한다.

불필요한 친구는 정리하고, 도움이 되는 친구는 추가하자

페이스북과 인스타그램 등 현재 내가 활동하고 있는 SNS 계정에서 친구를 맺고 있는 팔로워 리스트를 훑어보자. 내가 목표한 결과를 이루는 데 도움을 줄 수 있는 친구들이 맺어져 있는지, 전혀 다른 타깃의 친구가 맺어져 있지는 않은지, 또 얼굴 없는 계정이나 불필요한 상업 계정, 외국인 계정, 오랫동안 업데이트가 전혀 없거나 공유한 게시글만 가득한 계정이 친구로 맺어져 있지는 않은지 꼼꼼히 잘 살펴보자. 그리고 특별한 관계가 없는 팔로워는 과감하게 친구 정리를 해나가자. 숫자보다 중요한 건 결과를 낼 수 있고 서로에게 도움을 주고받을 수 있는 양질의 친구 관계를 맺는 것이다.

이때 블로그처럼 친구나 이웃 그룹 설정이 가능한 SNS의 경우에는 친구를 맺을 때부터 분류기준을 잘 정해 해당하는 그룹에 친구를 등록하는 것도 필요하다. 이렇게 해놓으면 차후에 친구를 관리하는 에너지를 줄일 수 있다.

그리고 수동적으로 오는 친구 말고 서로의 성장을 도울 수 있는 나에게 필요한 인맥을 직접 찾아 나서는 적극적인 친구 맺기도 중요하다. 이때는 커뮤니티 해시태그를 통해 관심사 기반으로 친구를 찾는 방법을 추천한다. 예를 들어 작가를 꿈꾼다면 #책스타그램 #북스타그램 #책추천 #책리뷰 등 책 읽는 사람들이 즐겨 사용하는 해시태그를 구독해 미래의 예비독자들을 미리 찾아 적극적으로 친구를 맺을 수도 있다. 또 해시태그 팔로잉을 해두면 관련된 카테고리에서 영향력이 강한 인플루언서, 독자, 관련 기업에서 업데이트하는 최신 소식을 가만히 앉아 내 뉴스피드에서 바로바로 확인할 수 있다.

모두에게 유명해질 필요는 없다.
내가 속한 카테고리에서 영향력을 펼칠 수 있을 만큼,
딱 그 정도면 적당하다.

'나'라는 상품의 메뉴판을 정리하고 표현하자

'나도 열심히 살았는데, 같은 시간의 경력과 업력을 쌓아온 '그 사람'보다 못한 게 무엇일까?'

'분명 실력은 비슷하거나 내가 더 나은데, 왜 그 사람이 나보다 더 잘 나갈까?'

'그동안 너무 잘해 왔는데, 정말 열심히 살았는데 왜 나는 여기까지일까?'

만약 혼자 해볼 만큼 정말 최선을 다해 보았지만 더는 어렵다는 생각이 든다면, 그때는 세상 밖으로 나가야 한다. 내가 가진 경험과 경력, 네트워크의 자원, 인사이트의 틀이 부족하다고 느껴지면 다시 배우러 나가야 한다. 다시 책을 펼쳐야 하고, 새로운 만남을 통해 생각의 확장이 일어나게 해야 한다. 이 책을 읽고 있는 지금 이 순간도 당신의 세계가 확장되는 순간이다.

만약 당신이 그동안 한 가지의 목표를 위해 성실히 달려왔고, 그 과정을 어딘가에(나 혼자만 보는 일기장, 클라우드 사진첩이라도 좋다) 잘 기록해 두었다면, 그것은 충분히 가치 있는 자산으로 바꿀 수 있는 자원을 가지고 있는 셈이다. 그동안은 나만 볼 수 있게 기록해 두었다면, 이제부터 해야 할 것은 내가 가진 자원을 남들 눈에도 잘 보이게 '정리'하고 '표현'해야 한다.

각 분야의 성공한 인플루언서들은 자신이 만들어 낸 결과와 그 결과를 만드는 과정에 대해 잘 기록해 온 사람들이다. 이제 사람들은 단순히 결과만을 보고 그 가치를 판단하지 않는다. 그 결과를 만들기 위해 흘린 피와 땀, 눈물, 노력의 가치를 더해 점수를 매긴다.

주위에 나보다 더 잘하고 있는 사람이 있다면 그 사람이 걸어 온 발자취를 찾아 다시 거꾸로 돌아가 보자. 그들은 아마도 나보다 과거의 시점에서 자신이 어떤 것을 할 수 있고, 어떤 노력을 했으며, 그 일을 어떻게 성취해 나갔는지를 잘 '정리'하고 '표현'해 둔 자기만의 역사를 잘 기록해 온 사람일 것이다.

'나'라는 상품의 메뉴판 만들기

자신의 영향력을 넓히고 싶다면 먼저 나라는 상품의 '메뉴판'을 만들어, 내가 무엇을 잘하는 사람인지 타인이 알 수 있게 '표현'해야 한다.

대부분의 SNS 유저들은 자신에 대한 소개를 쉽게 지나쳐 버린다. 어떤 이는 자기소개를 늘어놓는 것을 부끄럽게 생각하기도 하고, 너무 상업적으로 보여 사람들이 싫어할 거라는 편견 때문에 일부러 소개를 거르곤 한다.

하지만 결론부터 말하면 이 부분은 자신에게 다가올 기회를 몽땅 놓치는 최악의 선택이라고 말하고 싶다. 넘쳐나는 정보들 속에서 당신이 할 수 있는 것을 제대로 보여주지 않으면 아무도 당신이 무엇을 할 수 있는 사람인지 알지 못한다. 예를 들어 당신이 아무리 관련 분야의 전문적인 정보를 주기적으로 올린다 한들 당신의 목적이 무엇인지 구체적으로 알리지 않으면 사람들은 제대로 호응하지 않는다.

나는 이런 분야의 강의를 할 수 있는 강사이고, 이 분야의 글을 전문적으로 잘 쓸 수 있는 칼럼니스트라는 것을 알리지 않으면 사람들은 그저 당신의 글을 보고 '잘 쓴 글이네!' '도움이 되는 글이네!' '멋진 사람이네!'라며 느낌표(!)의 감상만 가지고, 정작 중요한 당신에 대한 관심은 지나쳐 버리고 말 것이다.

하지만 당신이 주기적으로 글을 쓰며 당신의 프로필 소개나 스킨 커버에 [○○○분야 전문 강사, 칼럼니스트, 전문가 패널 / 섭외 문의 : 010 -○○○-○○○○]라고 적어둔다면 사람들은 당신에 대해 확신을 가지고 당신의 글을 더욱 신뢰하게 되고, 이런 일을 하는 사람이라는 것을 알게 된 다음에는 그 분야의 사람을 찾는 상황이 생기거나 그런 것을 요청하는 사람이 있을 때 당신을 기억해 두었다가 당신에게 직접 연락하거나 주위에 소개할 것이다.

나 역시 이런 방법을 통해 전국을 오가는 강사가 될 수 있었다. 내가 할 수 있는 강의 콘텐츠를 사람들에게 잘 노출되는 '소셜 광고창'에 키워드로 나열하고 그것의 포트폴리오를 확인할 수 있는 카테고리를 만들어 꾸준히 강의 이력을 기록했다. 그리고 그것을 지켜보던 SNS 친구들의 강의 요청 및 추천으로 인해 꾸준히 강의를 할 수 있었다. 여기에서 '소셜 광고창'이라 함은 각 SNS 채널마다 내 프로필에 들어왔을 때 가장 먼저 볼 수 있는 프로필 스킨, 커버 또는 프로필 정보를 뜻하는데, 이는 돈 들이지 않고 할 수 있는 내가 소유한 가장 비싼 광고창이라고 할 수 있다.

그럼, 이제 각각의 SNS 채널별로 '소셜 광고창'을 효율적으로 설정하는 방법을 알아보자.

블로그 메뉴판 설정

네이버 블로그의 경우에는 블로그 스킨, 소개 글이라는 영역
이 있는데, PC 버전에서는 방문객에게 상시 노출되고, 모바일 버
전에서는 블로그 첫 화면의 상단에 노출되는 영역이라 방문자의
눈에 띄기 쉽다. 그래서 이 부분에 내가 하고 있는 일을 보여줄
수 있는 키워드로 나열하고, 나에게 즉시 연락할 수 있는 가장 쉬
운 방법을 적어두어야 한다.

네이버 블로그의 PC 버전과 모바일 버전 첫 페이지

그 외에 추가로 작성하면 좋은 것에는 대표 이력, 관련 자격증, 학위 등의 스펙이 있다. 이 내용은 자기소개에 신뢰를 더해 줄 수 있는 자료인데, 너무 과하면 오히려 독이 될 수 있으니 최대한 공신력 있는 스펙 위주로 간추려 적도록 하고, 내 업을 보여주는 키워드와 관련도가 높은 것 위주로 적도록 한다. 여기서 기억해야 할 점은 사람들에게 내가 어떤 분야에서 탁월성을 가지고 있는지를 단순한 키워드로 보여줘야 한다는 것이다. 즉, 사람들에게 나를 어떻게 '인식'시킬 것인지를 정한 후 '표현'하고 알리는 작업을 '반복'해야 한다. 그래야 기억하기 쉽다.

그리고 네이버에는 톡톡 파트너센터(https://partner.talk.naver.com/)라는 것이 있어서 블로거에게 직접 메시지를 보낼 수 있다. 또 모바일 홈 설정을 통해서는 블로거에게 바로 전화를 걸 수 있는 버튼을 삽입할 수 있어 바로 통화도 가능하다.

이렇게 포털 사이트에서 제공하는 서비스를 잘만 이용해도 돈 들이지 않고 블로그를 영업창구로 활용할 수 있다.

페이스북 메뉴판 설정

페이스북은 내가 프로필에 입력하는 정보를 통해 관련된 친구와 연결되는 로직을 가지고 있기 때문에 우리가 입력하는 모든 정보가 타깃을 결정하는데 중요한 요소가 된다.

예를 들어 출신 지역, 거주지역, 출신 학교, 다녔던 회사 등이 그것이다. 따라서 프로필 정보에는 내가 SNS를 통해 얻고자 하는 것과 관련성 있는 정보를 위주로 입력하는 것이 좋다. 그리고 내가 목표로 하는 시장이 내가 사는 곳과 다른 지역에 있다면 반드시 거주지역을 추가로 입력하길 권한다. 내 활동영역을 결정하는 데 있어 매우 중요한 부분이기 때문이다. 또한 소개글과 프로필 커버 사진에는 반드시 나에게 바로 연락 가능한 연락처를 눈에 잘 띄게 적어두어야 한다. 다시 한번 말하지만 SNS에서는 표현하지 않으면 결과가 나오지 않는다. 나를 찾는 방법을 어렵게 만들면 연락할 방법을 찾지 못해 포기하고 만다. 세상에는 나 말고도 나를 대체할 수 있는 사람이 너무나 많다. 대안이 많은 세상에서 살아남는 방법은 고객이 필요로 할 때 그 즉시 나에게 연락할 수 있는 가장 쉽고 빠른 연락처를 보여주는 것이다.

또 페이스북에는 '대표사진'이라는 기능이 있다. 총 9장의 사진을 올릴 수 있는데, 여기에는 당신의 전문성과 대표이력을 가시적으로 눈에 띄게 보여줄 수 있는 사진을 넣어 두어야 한다. 대표사진은 내 메뉴판에 이미지를 넣는 것과 같다. 우리가 흔히 글씨만 있는 메뉴판을 보면 메뉴를 선택하기 어렵고 복잡하지만,

그림이 있는 메뉴판을 볼 때면 말이 통하지 않는 여행지에서도 손가락 하나로 내가 원하는 메뉴를 쉽게 고를 수 있는 것처럼 내가 가진 콘텐츠를 이미지로 바꿔 그림이 있는 메뉴판처럼 소개하면 사람들은 내가 하는 일에 대해 더 빨리 인식할 수 있고 자신들이 원하는 정보를 쉽게 얻을 수 있다. 메뉴판 사진의 적절한 예를 들면 책 표지, 많은 사람들 앞에서 강의·강연하는 모습, 전문적인 프로필 사진, 언론에 노출된 기사 캡처 사진, 대표 이력이 적힌 행사 포스터, 자신의 영향력을 증명할 수 있는 동종 업계의 전문가·저자·인플루언서 등과 같이 찍은 사진 등이 있다.

인스타그램 메뉴판 설정

인스타그램에서는 프로필 이름과 정보가 나를 드러내는데 중요한 역할을 하는데, 특히 프로필 이름 설정은 매우 중요하다. 인스타그램에서는 새로운 친구를 찾는 방법으로 키워드 검색을 통해 접근을 많이 하는데, 예를 들어 프로필 이름에 '박제인'이라고만 적어두었다면 그 이름을 검색할 때에만 내가 검색된다. 하지만 프로필 이름에 '박제인 퍼스널 브랜딩 전문가 북토크쇼 MC'라고 입력해 두었다면 '박제인' '퍼스널 브랜딩' '북토크쇼' 'MC'라는 키워드로 검색해도 내 프로필이 검색된다. 자연검색으로 내 계정을 찾을 수 있는 방법이 더 늘어나는 셈이다. 이처럼 프로필 이름 부분에는 내 브랜드명뿐 아니라 내가 장악하고자 하는 분야의 목표 키워드를 함께 넣으면 더 좋다. 그 분야에 관련된 단어를 검색할 때마다 내가 노출된다면 고객들은 나를 그 분야의 전문가로 여길 테고 그것은 자연스럽게 내 영향력을 검증받고 커리어와 수익으로 연결될 수 있는 방법이 된다.

프로필 이름 바로 아래가 프로필 소개 부분인데, 여기에 입력

인스타그램에서는 키워드 검색이 가능한 프로필 이름, 신뢰성 있는 프로필 소개, 멀티링크를 활용한 URL, 연결에 신경써야 한다

하는 키워드는 아쉽게도 검색에는 영향을 주지 않는다. 하지만 내 계정을 방문하는 방문자에게 보여주는 내 첫 이미지이기 때문에 블로그와 마찬가지로 나의 대표이력, 경력 및 학력 등을 정리해 올려 두어야 한다. 인스타그램에서는 이 부분에 이모티콘 사용도 가능하기 때문에 내 콘텐츠와 관련된 적절한 이모티콘을 사용해 주목도를 높이는 것도 도움이 된다. 평소 지켜보던 계정 중 잘 작성된 프로필을 참고해 나의 소개를 멋지게 표현해 보자.

그리고 인스타그램은 다른 SNS와 달리 게시물에 넣은 링크를 눌러도 연결이 되지 않기 때문에 게시물을 통해서는 다른 채널로의 연결이나 구매 전환이 되지 않는다. 인스타그램에서 유일하게 링크를 클릭해 넘어갈 수 있는 영역이 바로 프로필 소개 하단에 넣는 웹사이트 주소인데, 이 부분에 인포크링크(https://link.inpock.co.kr/)와 같이 멀티링크를 삽입할 수 있는 플랫폼을 활용하면 내가 공지하고 싶은 다양한 채널로의 연결 및 구매 전환, 행동 유도를 도울 수 있다.

유튜브 메뉴판 설정

유튜브는 앞에서 소개한 SNS와는 조금 다른 표현이 필요한 채널이다. 우선 유튜브에서는 프로필 정보 탭이 노출되지 않는다. 정말 필요한 사람 정도만 검색해 볼 수 있도록 가장 마지막에 위치해 있다. 하지만 나에게 연락이 필요한 사람이라면 어떻게든 찾아서 볼 수 있기 때문에 정보란은 다른 SNS와 마찬가지로 구체적으로 작성해야 한다.

특히 유튜브는 나의 콘텐츠를 보여줄 수 있는 채널아트(배너)와 첫 화면 관리 그리고 영상 콘텐츠를 올리는 본문 영역이 가장 중요하다.

먼저 채널아트(배너)는 PC, 태블릿, 모바일에서 볼 때 잘리지 않는 영역에 중요 전달사항을 넣는 것이 중요한데, 내가 올릴 콘텐츠의 주제가 드러나는 이미지와 워딩, 나에게 바로 연락 가능한

유튜브에서는 자체 사이트를 통해 채널 맞춤 설정 방법을 소개하고 있다

수단, 그리고 방송이 업로드되는 주기를 공지하는 것이 좋다. 특히 꾸준한 업로드는 유튜브 채널의 영향력을 높이는 성공비결 중 하나이다.

내 채널에 방문한 사람들이 보게 되는 첫 화면은 신규 방문자와 재방문 구독자에 따라 영상을 다르게 설정할 수 있는데, 이는 신규 구독자를 늘리고 재방문 구독자를 꾸준히 머물게 하는데 중요한 역할을 하며 특정 영상의 조회 수를 의도적으로 높이는 데도 도움이 된다.

유튜브는 채널 맞춤 설정에서 홈 화면의 콘텐츠를 다양한 레이아웃을 활용해 노출할 수 있는 기능을 가지고 있는데, 주제별로 영상을 모아 카테고리화하고 그 재생목록을 묶어서 또는 하나씩 가로 또는 세로로 보이게 개별 설정할 수 있다. 이 기능을 통해 홈 화면에서 목표 키워드를 그룹별로 모아 우선순위를 정해 노출할 수도 있다. 이렇게 해두면 채널의 홈 화면만 보더라도 내가 무엇을 하는 사람인지 잘 보여줄 수 있다.

카카오톡 메뉴판 설정

그밖에 우리가 가장 놓치고 있는 채널이 바로 카카오톡이다. 카카오톡을 SNS 채널로 봐야 하나 궁금해하는 사람들도 있을 텐데, 카카오톡의 상태 메시지 그리고 프로필 홈 화면을 통해 상당히 많은 정보를 전달할 수 있다.

우리는 하루의 많은 시간을 친구, 지인, 직장동료들과 카카오톡을 주고 받으며 지낸다. 대화를 나누는 과정에서 우리는 상태 메시지 창을 통해 친구들의 최근 소식을 받기도 하고, 친구의 생일을 알게 되기도 한다. 또 새로운 소식이 올라와 있는 친구의 카톡 프로필 스킨을 통해 최근의 근황을 알게 되기도 한다. SNS가 하는 기능을 카카오톡 메신저가 그대로 하고 있는 것이다.

그래서 카카오톡은 우리가 반드시 관리해야 하는 필수채널 중 하나이다. 상대의 전화번호를 저장하면 친구가 자동으로 추천되어 내가 원하던 원치 않던 내 연락처를 가지고 있는 사람에게 내 계정에 대한 정보가 자연스럽게 노출되기 때문이다. 이처럼 상대방이 찾아볼 수 있는 영역은 내가 관리해야 하는 필수영역이다. 나를 표현하고 인식시키는데 적합하고 빠른 최선의 영역이 있다면 당연히 나를 잘 보여줄 수 있게 관리해야 한다. 그것이 인플루언서로 사람들이 나를 기억하게 만들고 내가 원하는 목표에 다가

가는 데 있어 효율을 높여줄 것이다.

　아래 이미지는 내가 싱어송라이터로 활동하며 앨범이 나왔을 때 홍보를 위해 프로필을 설정했던 화면이다. 앨범 자켓 이미지로 프로필 커버를 바꾸고, 프로필 설명글에 내 노래의 제목 [오늘 하루도 잘 살아온 나에게]를 넣고, D-Day 위젯을 활용해 앨범 발매일의 일정을 공유했다. 그리고 곡이 나오고 난 뒤에는 직접 음악을 프로필에 첨부해 플레이 버튼만 클릭하면 바로 멜론 음악을

들어볼 수 있는 경로를 연결해 놓았다.

이 프로필을 설정한 목적은 내가 음반을 냈다는 소식을 알리고, 노래의 제목을 인지시키고, 음악을 많이 듣게 하는 것이었다. 일반적인 SNS의 프로필 설정에는 항상 고정적인 메뉴판 키워드와 이미지가 들어간다면, 메신저 성격의 SNS에는 그때그때 목적에 맞게 프로필 창과 프로필 정보의 내용을 바꿔가며 단기적 홍보를 할 때 유리하게 사용할 수 있다.

그 외에도 여러분이 사용하는 다양한 SNS 채널이 있다면, 사람들이 한눈에 내가 무엇을 하는 사람인지 알아볼 수 있도록 나만의 메뉴판을 '정리'하고 '표현'해 나를 더 쉽게 발견할 수 있도록 길을 열어주자.

TIP 나만의 메뉴판에 꼭 들어가야 할 항목들

다음의 '소울뷰티디자인' 김주미 대표의 사례를 참고하여 나만의 메뉴판에 들어갈
내용들을 정리해 보자.

- **이름** : 김주미
- **회사명** : 소울뷰티디자인
- **퍼스널 브랜드명** : 소울뷰티코치
- **슬로건** : Soul 당신의 정신과 마음을 움직이는 / Beauty 진정한 아름다움으로 /
  Design 당신의 삶을 디자인합니다
- **대표 이력(관련 경력, 저서, 방송 출연 등)** : CJ, 국민은행 등 기업 강의 /
  〈외모는 자존감이다〉 저자 / KPC 인증코치 / MBC TV특강 출연
- **고객에게 제공할 수 있는 서비스·상품** : 이미지코칭, 스타일코칭, 이미지 브랜딩
- **연락처** : beautyjiena@gmail.com
- **대표 링크(홈페이지, 구글 폼, 대표 SNS 채널 링크 등)** : soulbeauty.org

TIP 비즈니스모델 캔버스를 활용한 자기점검

이제 인플루언서도 스스로를 '1인 기업'이라 생각하고 자신의 활동을 전반적으로 점검해 부족한 부분을 채워 가야 한다. 알렉스 오스터왈더의 비즈니스모델을 시각화한 '비즈니스모델 캔버스'를 통해 당신의 활동을 어떻게 수익화할 것인지에 대해 구체적으로 계획을 세워보자.

1 | 고객세분화(Customer Segments)

내 콘텐츠가 어떤 대상을 겨냥해 이야기하고 있는지를 명확히 정해야 한다. 콘텐츠를 소비하는 팔로워의 설정이 명확하면 그들의 요구나 행동상의 특징을 분석하고 대응하여 그들이 원하는 필요한 것을 제공할 수 있는 구체적인 방법을 생각해 낼 수 있다.

ex) 프리랜서 강사, 책 출간을 원하는 강사, 자기계발을 통해 성장하며 새로운 수익창출을 꿈꾸는 3050 여성

2 | 가치 제안(Value Proposition)

팔로워의 불편함을 감소시키거나 필요함을 충족시켜 줄 수 있고, 그들이 가치 있게 느끼는 것이 무엇이며 우리가 전달하고자 하는 가치는 무엇인지 파악해 본다.

ex) 고액의 수강료를 지출해야 하거나 일정한 시간을 비우고 교육과정에 참석해야 하는 경우 아이를 돌보고 집안일을 하며 공부를 병행하기 힘들다. 이러한 3050 여성이 따라 하기 쉽게 만들어진 책과 자료 및 유튜브 영상을 통해 적은 비용을 투자하고도 언제든 자신이 원하는 시간에 원하는 공부를 할 수 있는 가치를 제공한다.

3 | 채널(Channels)

팔로워에게 가치를 제안하기 위해 어떤 채널을 통해 나의 콘텐츠·상품·서비스를 전달할 수 있는지 그 방법을 찾아본다.

ex) 책 《영향력을 돈으로 만드는 기술》, 유튜브 영상, 카페 게시물, 블로그 게시물, 오픈채팅 단톡방, Zoom 라이브 방송, 온오프라인 특강, 온라인 강의, 타 인플루언서와의 콜라보를 통한 노출(유튜브 방송 출연 등)

---

4 | 고객관계(Customer Relationships)

타깃과 관계를 맺어가는 방법에 대해 정리해 본다. 각각의 채널을 유지하는 비용과 시간, 에너지 투입을 고려해 보고, 그 중 어떤 방법이 가장 효율적인지 생각해 본다(개별 어시스트, 매우 헌신적인 개별 어시스트, 셀프서비스, 자동화서비스, 커뮤니티, 코-크리에이션).

ex)

- 즉시 공지 및 긴밀한 소통 → 카카오톡 단톡방
- 셀프스터디가 가능한 지식 전달형 콘텐츠 배포 → 블로그, 유튜브
- 혼자서 해결하지 못하는 부분을 라이브 Q&A를 통해 직접적으로 문제해결 방법 제공
  → Zoom 라이브 방송
- 미션 등록 게시판 운영을 통해 함께 성장하려는 사람과의 커뮤니티 형성 및 시스템 구축
  → 카페
- 인플루언서에게 필요한 아이템을 소개하고 직접 판매 → 스마트스토어
- 인플루언서 수익화 방법을 소개하는 강의 콘텐츠 → 온라인 강의 플랫폼

5 | 수익원(Revenue Streams)

나의 활동으로 인해 실질적으로 수익을 창출하는 곳과 금액 그리고 지불방식에 대해 적어본다. 팔로워가 나에게 기꺼이 비용을 지불하는 곳이 어디인지, 그리고 각각의 수익원이 전체 수익에 얼마나 기여하는지 파악해야 한다.

ex) 스마트스토어 수익, 온라인 강의 수익, 개인 컨설팅 수익, 책 인세, 광고비, 멤버십 비용, Zoom 라이브 방송 참가비, 특강 강의료 등

---

6 | 핵심자원(Key Resources)

내가 가진 남들과 다른 특별한 자원이 무엇인지 적어본다. 그 자원을 통해 가치를 창출하고 제안할 수 있어야 한다. 자원에는 유형과 무형의 자원이 모두 포함되며, 인적자원 역시 자원이라고 할 수 있다.

ex) 10년간의 SNS 활동을 통해 맺어진 강력한 네트워크 자원, 블로그 마케팅 상위노출 역량

---

7 | 핵심활동(Key Activities)

이 비즈니스를 지속하기 위해 꼭 해야만 하는 핵심활동을 적어 본다.

ex) 블로그 · 유튜브 콘텐츠 제작, 단톡방 · 카페 운영, 책 출간, 지속적인 Zoom 라이브 방송, 온라인 강의 콘텐츠 개발 및 업데이트, 온오프라인 강의 및 행사 진행 및 참여, 방송 출연

8 | 핵심 파트너십(Key Partnership)

특정한 활동들은 외부의 파트너십을 통해 수행하며(아웃소싱), 일부 자원 역시 조직 외부에서 얻는다.

ex) 기획자, 작가, 편집자, 디자이너, 스마트스토어 관리자, 기업·기관 교육담당자, 인플루언서, 커뮤니티 모임 리더

9 | 비용구조(Cost Structure)

이 비즈니스를 유지하기 위해 들어가는 비용에 대해 구체적으로 적어보고, 고정비를 줄일 수 있는 방법에 대해 찾아본다.

ex) 사무실 임대료, 정수기·인터넷·전화 사용료, 공과금, 직원 급여, 외주비, 세무 기장비용, 헤어·메이크업·스타일링 비용, 접대비, 복리후생비, 사무용품 구입비

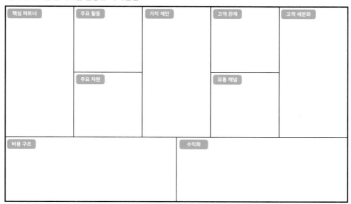

비즈니스모델 캔버스를 활용한 자기점검

[출처 : 《밸류 프로포지션 디자인》, 알렉스 오스터왈더, 예스 피그누어, 그렉 버나다, 앨런 스미스 지음, 조자현 옮김, 생각정리연구소, 2018년]

PART

2

인플루언서로서
가치를
드러내는 방법

66

자신의 매력을 발전시켜
남의 마음을 사로잡는 데 활용하라.
부자나 잘 생긴 사람을 대체할 수 있는 것은
얼마든지 있다.

◆

발타자르 그라시안
Baltasar Gracián y Morales

99

'매력'은 인플루언서의 필수 덕목이다

　나는 전국으로 강의와 북콘서트를 자주 다니다 보니 사람들과 접촉할 일이 많은 편이다. SNS에서 소통하는 사람들은 대략 2~3만 명 정도이고, 오프라인에서는 1년에 1,000명이 넘는 사람들과 만난다. 이렇게 많은 사람들과 만나고 소통하다 보니 자연스럽게 빅데이터가 쌓이게 되면서 사람을 보는 색다른 프레임이 생겨났다. 인플루언서로 발전 가능성이 있는 사람을 미리 찾아내는 레이더가 장착된 것이다. 그리고 그런 주관적인 판단이 맞는지 검증하기 위해 시작한 행사가 바로 〈휴먼브랜드 스토리 토크쇼〉라는 인터뷰 방송이다.

　〈휴먼브랜드 스토리 토크쇼〉는 내가 온오프라인을 통해 알게 된 분들 중 브랜드로서 성장 가능성이 있는 분들을 직접 찾아가

질문하는 토크쇼이다. 흥미로운 사실은 인터뷰이들이 그 당시에는 막 시작하는 단계의 사람들이었다면, 지금은 그들 대부분이 각각의 분야에서 굉장히 이름을 날리는 인플루언서가 되었다는 것이다.

어떻게 이들이 잘될 것이라고 예측했는지를 한 문장으로 말해 보라면 "매력적이니까!"라고 말할 수 있다. 이때 '매력'이라고 하면 대부분 외적인 이미지를 생각하게 되는데, 내가 지난 10년 동안 만나온 인플루언서들을 분석해 본 결과 매력을 만들어 내는 방법은 단지 외모뿐만이 아니었다. 그럼, 여기서는 내가 그동안 만난 사람들을 통해 정리해 본 '매력을 만드는 8가지 방법'을 소개해 보겠다.

매력을 만드는 8가지 방법

첫째, 남자와 여자 구분 없이 치아를 드러내고 호탕하게 웃는 사진을 SNS에 올려 보자. '웃음'과 '미소'가 얼마나 큰 영향을 주는지 믿지 못하는 사람도 있을 것이다. 하지만 환한 미소는 우리에게 정말 큰 긍정의 에너지를 준다. 러닝계의 아이돌이라 불리는 러닝전도사 안정은(@totoolike) 님의 인스타그램 피드에 가보라. 달리기가 힘들다는 편견을 날려버릴 정도로 행복한 미소를 짓고 달리는 안정은 님의 모습을 보면 '나도 저렇게 달리면 행복해질 수 있을 거 같아'라는 생각과 함께 당장 문을 박차고 나가 달리고 싶어질 것이다. 미소의 힘은 이렇게 큰 효과를 주고, 좋은 에너지를 전달한다. 웃고 있는 사람의 사진을 보면 저절로 입가에 미소가 지어지고, 그 웃음 너머의 행복 에너지는 곧 매력으로 다가오게 된다. 우리도 상대에게 긍정적인 호감을 만들어 내는 환하고 멋진 미소를 장착해 보자.

미소가 아름다운 러닝전도사 안정은 님의 인스타그램 @tototolike

둘째, 지금의 자리를 지키기 위해 늘 준비하며 배움의 자세를 지니고 있다는 것을 알려보자. 예를 들어 자기관리를 잘하는 사람임을 알리기 위해 운동하는 모습을 인증한다거나 관련 분야의 전문성을 높이기 위한 공부나 읽고 있는 책 정보를 알린다거나 자기만의 사색법이나 인사이트를 얻는 법을 공유하면서 늘 발전을 위해 꾸준히 노력하고 있음을 알리는 것이다. 이렇게 노력하는 모습이 당신의 콘텐츠에 대한 진정성을 확인받을 수 있는 근거가 된다. 진정성이란 누군가가 나를 필요로 하는 때에 어김없이 그 자리를 지키고 있을 때만이 발휘되는 것이다. 그리고 그 자리를 지키기 위해선 지속적인 공부가 필요하다.

셋째, 잘 읽히는 글을 쓰자. 잘 읽히는 글이 어떤 건지 궁금하다면 'SNS 작가'라는 새로운 시장을 개척하며 에세이 작가를 꿈꾸는 모든 이들의 롤모델이 된 글배우(@jell1ine1768) 님의 책과 글을 읽어보자. 그의 인스타그램에는 그 흔한 자기 사진 한 장이 없다 (참고로 글배우 님은 매우 잘생긴 훈남이다). 외적인 것에 대한 어필 없이도 그는 오로지 글만으로 팬들의 마음을 사로잡았다. 그의 글은 아주 잘 읽히고 공감이 잘된다. 우연한 계기로 글배우 님의 책쓰기 과정에 출판 관계자로 참여하게 되면서 가까이에서 그를 지켜본 적이 있었다. 글배우 님은 '공감되는 글을 만난다는 것은 내 안에 있는 것을 밖에서 보는 것'이라고 말했다. 실제로 그의 글을 읽다 보면 내 속마음을 들킨 것만 같은 생각이 들고, 때로는 내 속에 들어갔다 나온 사람처럼 내 마음을 알아주는 것만 같았다. 그는 그런 한 문장의 글을 위해 매일 SNS에 글을 쓰고 있다. 때로는 한 문장을 완성하기 위해 하루 종일 산책을 하며 오롯이 글쓰기에 집중하기도 한다. 그렇게 온 에너지를 담아 쏟아낸 글이기에 사람들은 그의 한 문장에 울고 웃고 공감하게 되고, 잘 읽히는 글을 통해 더 빨리 메시지가 전달된다.

잘 읽히는 글을 쓰는 방법은 의외로 간단하다. 글을 쓰고 난

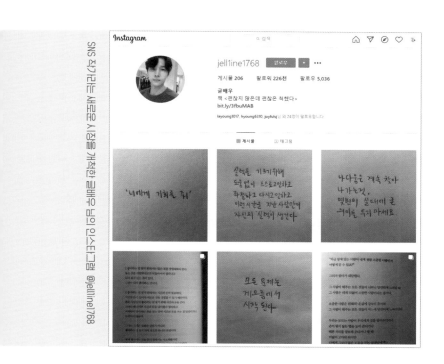

SNS 작가라는 새로운 시장을 개척한 글배우 님의 인스타그램 @jell1ine1768

뒤 직접 소리 내어 읽어보며 수정하면 된다. 내가 쓴 글을 소리 내어 읽어보면 매끄럽지 않게 걸리는 부분이 생기는데, 이런 부분을 교정해 나가며 잘 읽을 수 있는 글이 되면 그게 바로 잘 읽히는 글이 된다.

물론 공감되는 글을 쓰기 위해서는 많은 노력과 시행착오가 필요하다. 하지만 글쓰기는 근력과 같아서 많이 쓰다 보면 늘 수밖에 없다. 그러니 매일 글 쓰는 습관부터 기르자.

넷째, 자신의 전문성에 대해 티나게 그리고 멋지게 자랑하자. 칭찬받고 축하받고 격려받을 일이 있다면 반드시 알린다. 큰 무대나 강연장에 섰다면 반드시 그 규모를 알 수 있도록 객석과 무대를 함께 찍은 풀샷 사진 또는 단체사진을 남기고, 고객에게서 따끈따끈한 감동(감사)의 메시지를 받으면 대화 내용 공개의 허락을 구하고 어김없이 알린다. 워킹맘이라면 엄마를 자랑스러워하고 엄마의 일을 인정해 주는 아이와의 대화를 알릴 수도 있다. 남몰래 준비한 프로젝트가 성과를 냈거나 준비하던 공모전에서 수상을 했다면 그것 또한 반드시 알린다. 이렇게 축하받을 일에는 박수를 받으며 앞으로 더 나아갈 에너지를 충전하면 좋다. 당신이 알리지 않으면 누구도 당신이 한 일을 알지 못한다. 알아서 찾아와 칭찬해 주길 기대하지 말고 내가 알아서 먼저 멍석을 깔자.

다섯째, 함께 어울리는 사람은 당신을 판단하는 척도가 된다. 그러니 좋은 인맥은 널리 알리자. 당신의 매력이 차지하는 비율만큼이나 당신 주변 사람들의 매력 또한 당신을 팔로우하는 충분한 이유를 제공한다. '내가 좋아하는 그분이 친하게 지내는 분이라면 믿어도 되겠지?'라고 생각하며 미리 경계의 문을 열게 한다. 반대로 평판이 나쁜 사람과 어울리면 당연히 독이 되어 돌아올 수 있다. 그러니 나부터 좋은 사람이 되어 좋은 사람이 다가오게 하는 선순환을 만들자.

여섯째, 예쁜 말과 예쁜 글로 정성을 다하자. 사실 나 역시도 이 부분을 발견하곤 소스라치게 놀랐다. 성공한 휴먼브랜드 분들은 실없는 'ㅋㅋ, ㅎㅎ, ㅠㅠ' 등을 사용하지 않는다. 생각없이 줄 바꾸는 엔터도 자주 치지 않는다. 그들은 글에서도 메신저 대화에서도 결코 가볍지 않다. 한마디의 짧은 글에도 정성을 다해 답글을 단다. 거절을 할 때도 상대의 마음을 다치지 않게 '그것도 참 좋네요. 그런데 …'라는 방식의 YES-BUT 화법을 쓴다. 조언은 상대가 필요할 때만 해주고 대부분 평소에는 경청을 잘한다. 인플루언서라고 하니 모두 다 핵인싸라고 생각하지만 진짜 매력을 지닌 인플루언서들은 대부분 잘 듣는 사람이다.

일곱째, 휴머니즘을 잊지 말자. 100% 완벽한 사람은 범접하기 힘든 신비주의에 빠져버린다. 완벽함이 오히려 독이 되는 것이다. 매력을 완성하는 것은 빼기다. 인플루언서가 되기 위해서는 빼기가 중요하다. 가벼운 실수, 우연한 사고, 해프닝이 있었다면 SNS에 공유하자. '나도 이렇게 헐렁한 사람이다!'라는 것을 어필하는 것도 필요하다. 당신의 인간다움은 오히려 당신과 더 가까워지고 싶게 만드는 계기가 될 것이다.

여덟째, 영향력은 반드시 함께 나누자. 당신에게 주어진 영향력은 나누면 몇십 배가 되어 돌아온다. 내 영향력을 키우고 싶다면 수익에 상관없이 가치 있는 일을 선행해야 한다. 자신의 영향력을 타인을 돕는데 사용하면서 보람을 느끼는 경험을 공유하면 그것을 지켜보는 사람들은 당신의 선행에 매력을 느끼고 당신이 하고 있는 돈 버는 일에까지 관심을 갖게 될 것이다. 좋은 일은 동그란 에너지를 가지고 있다. 내가 베푼 선행을 꼭 되돌려 받는다고 생각하지 말고, 그 선행이 돌고 돌아 내 가족, 내 자녀 그리고 내가 사랑하는 모든 사람들에게 반드시 돌아온다고 생각하자.

TIP   인플루언서가 되기 위한 행동수칙

- 거울을 보고 환하게 웃는 연습을 한다. 1일 1회 미소 셀카를 찍어 보자. 이때 눈도 함께 웃어 보자.

....

- 원하는 미래를 위해 꾸준히 노력하는 것은 무엇인가? 그것을 지속적으로 기록해 보자.

....

- 매일 SNS에 글을 적어본다. 이때 내가 쓴 글을 반드시 소리 내어 읽어보면서 수정해 보자.

....

- 칭찬, 격려, 축하받을 일이 있는가? 나만의 성공노트에 기록하고 에너지가 필요할 때 꺼내어 공유하자.

....

- 인맥의 영향력을 적절히 과시한다. 이때 대놓고 자랑질을 하면 안 된다. 자랑도 멋스럽게 하자.

....

- 글은 내 마음의 거울이다. 글에서도 좋은 인성을 보여주자.

....

- 인간미를 놓치지 않기 위해 가벼운 실수는 귀엽게 노출하자.

....

- 내가 나눌 수 있는 것이 있다면 그것을 콘텐츠로 만들어 보자

나를 대표하는 키워드를 찾아라

어떤 분야를 떠올릴 때 특정한 누군가가 생각난다면, 그 사람은 인플루언서일 가능성이 높다. 그 분야의 대표성을 지녔기 때문이다. 나를 떠올릴 때 사람들은 '블로그'라는 단어를 생각해 낸다. 내가 가장 오랜 시간을 투자하여 결과를 낸 분야이고, 《블로그 투잡 됩니다》라는 책이 베스트셀러가 되며 SNS 강사로 데뷔했고, 지금까지도 활발하게 블로그 마케팅 강사로 활동을 꾸준히 이어가고 있기 때문이다.

이 대표성 덕분에 나는 MKYU 김미경TV에서 블로그 전임강사로 활동하는 기회를 얻게 되었다. 블로그 강사를 모집하던 당시, 김미경 대표는 주위의 여러 사람에게 "주변에 블로그 강의 잘하는 사람이 있나요?"라고 물었다고 한다. 그리고 그들의 대답에서 내 이름이 반복되어 나오는 것을 보고 나를 강사로 초빙하게 되었다고 했다. 특히 추천에 커다란 영향력을 발휘했던 분이 바로 우리 회사에서 전속으로 매니지먼트를 하고 있는 남인숙 작가였다. 이처럼 직접 경험을 통한 추천, 그리고 신뢰하는 사람이 하는 추천보다 강력한 것은 없다.

MKYU 방문 첫날 20강의 커리큘럼을 들고 오전에 김미경 대표와 미팅을 하며 내가 할 수 있는 것과 해왔던 것에 대해 PT를 하고 헤어졌다. 그리고 그날 바로 MKYU 자율전공 과정의 첫 강의로 채택되어 MKTV 인터뷰 촬영을 진행하게 되었다. 질문지도 대본도 없었지만 김미경 대표의 유창한 진행실력 덕분에 긴장하지 않고 즐겁게 촬영을 할 수 있었고, 늘 해오던 블로그에 대한 생

〈블로그 마케팅 바로잡았어〉 영상을 위해 촬영한 1개 영상

[출처 : MKYU 김미경TV 유튜브]

각과 경험이 있었기에 어렵지 않게 질문에 답할 수 있었다.

이렇게 촬영한 소개 영상은 42만 이상의 조회 수를 기록했고, 이 영상을 통해 MKYU〈블로그 마케팅 비밀과외〉강의에 5,000명이 넘게 수강신청을 했다. 10년 동안 블로그에 쏟아온 노력을 한 번에 보상받는 감사한 순간이었다.

MKYU의 영향력은 정말 대단했다. 절판을 앞두고 있던 책 《블로그 투잡 됩니다》는 순식간에 2,000부가 넘게 팔리며 베스트셀러 순위 역주행을 했고, 구독자가 도무지 늘지 않아 포기할까 백 번 이상 고민했던 오디오클립의 구독자는 700명에서 갑자기 14,000명을 넘겼고, 블로그 구독자 수는 순식간에 2,000명이 증가했다.

한 가지를 꾸준히 지속하고, 갑작스러운 요청에도 바로 응할 수 있는 실력을 갖추고, 그간의 활동을 강의안과 글로 꾸준히 기록해 왔기에 '블로그'라는 분야에서 추천받게 되었고, 또 그 추천에 부응해 멋진 성과를 만들어 낼 수 있었다고 생각한다.

이러한 대표성을 가지고 업계 1위가 된 스타강사도 있다. 바로 '생각정리스킬'의 복주환 강사이다. 복주환 강사는《생각정리스킬》《생각정리스피치》《생각정리기획력》등 생각정리 시리즈를 저술하며 생각정리의 다양한 도구를 활용한 자기계발 콘텐츠를 꾸준하게 만들어 왔다. '생각정리'라는 키워드를 반복적으로 사용한 덕분에 이제는 '생각정리＝복주환'이라는 공식이 저절로 외워진다. '생각정리 시리즈'는 강의, 책, 칼럼, 이러닝, 오디오북, 유튜브, 그래픽레코딩 등 다양한 형태의 콘텐츠로 만들어져 생각 정리가 필요한 많은 사람들에게 사랑받고 있다.

이처럼 한 카테고리의 대표성을 갖기 위해 우리는 현재뿐 아 니라 미래에도 변함없이 지속될 수 있는 나만의 목표 키워드를 정하고, 그것을 사람들에게 인식시키기 위한 노력을 계속해 나가 야 한다. 다음 빈칸에 나의 목표를 완성어로 적어 보고 큰 소리로 읽어보자.

"나는 ＿＿＿＿＿＿＿＿＿을 대표하는 사람입니다."

나만의 프레임으로 세상을 바라보자

이제는 스마트폰 한 대만 있으면 라이브 생중계를 통해 전 세계에 나를 알릴 수 있는 세상이 되었다. 이처럼 진입장벽이 낮기 때문에 누구나 인플루언서가 될 수 있는 세상이 되었지만, 현실적으로 아무나 인플루언서가 될 수는 없다. 그럼, 이런 세상에서 주목받는 인플루언서가 되려면 어떻게 해야 할까? 이때 늘 나오는 전문가의 해답은 '나만의 콘셉트를 찾아라'는 것이다.

나만의 콘셉트를 찾는 방법

그런데 여기서 '어떻게?'라는 것에 대해 명쾌한 해답을 주는 사람은 별로 없다. 그래서 나는 콘셉트에 대한 공부가 필요할 때면 서울 곳곳의 유명한 전시회를 찾는다. 전시회에서 각각의 작품을 콘셉트에 맞춰 일관성 있게 꿰어 하나의 완성된 스토리텔링을 만들어 내는 큐레이터의 업적(?)을 보고 나면, 아티스트가 우리에게 전달하고자 하는 콘셉트가 최종적인 한 단어로 그려지곤 한다.

예술의 전당에서 〈행복을 그리는 화가 에바 알머슨〉이라는 제목의 전시가 있다는 소식을 듣고 친구와 함께 보러 갔다. 그 당시 나는 꽤 우울한 상태였다. 오랜 기간 글을 써왔던 나는, 어려서부터 일기장과 SNS에 내 생각과 느낌 그리고 경험을 적어오는 습관을 가지고 있었다. 이렇게 글쓰기는 내 즐거움이자 자부심이었는데, 공개적인 자리에서 '모든 사람들의 글 중에서 당신의 글이 가장 최악'이라는 평가를 듣고 1년이 넘게 계획된 책을 쓰지 못하고 있었던 때였다. 내가 가장 좋아하던 취미이자 일상이었던 글쓰기가 부끄러운 것이 되자 그동안 쌓아온 내 세계가 완전히 무너졌고, 아무리 생각해도 너무 자존심이 상하고 수치스러워 도저히 웃어지지 않던 시기였다. 그때 그런 나를 위로해 주던 친구와 함께 스트레스를 날려 버리기 위해 찾은 전시가 바로 〈행복을 그리는 화가 에바 알머슨〉의 그림전이었다.

에바 알머슨의 그림에는 항상 그녀 자신이 있다. 늘 기분 좋은 웃음을 지으며, 일상 속에 행복이 있다고 전하고 있었다. 우리는 작품 속 주인공이 입고 있는 옷과 벽지, 가구에서 늘상 보던 익숙한 패턴을 보며 친근함을 느꼈다. 또 남산타워, 한옥으로 된 한정식 맛집 투어 그림을 보며 익숙한 공간의 편안함을 느꼈다. 가족과의 여행, 반려견과의 산책 등 일상 속 소재를 보며 나와 같은 평범함을 느끼고, 그네타기, 첫 댄스타임 작품을 보며 지나간 일상 속 가슴 설레었던 추억을 떠올렸다. 그러다 문득 깨닫게 되었다. 그때는 모르고 지나갔는데 지금 보니 그 모든 순간들이 '행복'이었다고….

행복을 그리는 화가, 에바 알머슨

[출처 : http://www.evakorea.com/artist]

에바 알머슨은 '행복'이라는 프레임을 쓴 작가이다. 그녀의 눈을 거치면 모든 작품이 다 행복한 순간으로 표현된다. 한국을 유독 사랑하는 작가로도 알려진 에바 알머슨은 《엄마는 해녀입니다》라는 고희영 작가의 동화책에 그림을 그리기도 했는데, 그 그림을 그릴 당시에는 제주에 오랜 기간 머물며 해녀들을 관찰하며 그림을 그렸다고 한다. 그래서 해녀가 입고 있던 해녀복, 수경, 무게 추, 그물망 등이 정말 세세하게 묘사되어 있다.

에바 알머슨이 그림을 그린 고희영 작가의 동화책
《엄마는 해녀입니다》

[출처 : 예스24]

하지만 크게 달라진 것이 있다. 바로 해녀가 짓고 있는 표정이다. 실제 그림의 주인공이었던 현실의 해녀는 물질하고 돌아와 힘껏 지쳐 있는 팔자 주름이 가득한 할머니 해녀였겠지만, 에바 알머슨이 그린 제주 해녀는 한없이 온화하고 편안한 미소를 지니고 있었다. 바로 '행복'이라는 프레임을 거쳐 우리에게 배달된 해녀의 모습이기 때문이다. 나는 이것이 바로 콘셉트라고 본다.

'나만의 프레임을 통해 각색되어 세상에 나온 모든 것.'

콘셉트에 나만의 프레임을 입혀보자

나는 '친절한 세인씨'라는 브랜드로 SNS에 나를 알리기 시작했다. 이때 내가 했던 모든 콘셉트는 '친절한'이라는 프레임을 거쳐 나왔다. 첫 책《블로그 투잡 됩니다》에는 '친절한 세인씨의 마케팅 비밀과외'라는 부제가 붙어 있는데, 이 책은 친절한 언니가 과외를 하면서 옆에서 하나하나 알려주는 것처럼 구어체로 쓰여 있어 독특한 콘셉트라는 평가를 받으며 많은 독자들의 사랑을 받았다.

내가 진행하는 마케팅 강의의 서브 타이틀에도 '친절한 세인씨의 더 친절한 강의'라는 타이틀이 붙어 있다. 나는 적게는 9살부터 많게는 70대까지를 대상으로 강의를 하고 있고, 한국사람뿐 아니라 몽골·필리핀·중국 출신의 다문화 가정 여성들을 대상으로도 강의를 해보았다. 이렇게 다양한 청중들을 만나다 보니 그 수준도 제각각 달라 교육생이 한 번에 알아듣지 못하는 경우가 많은데, 나는 이때 더욱 최선을 다했다. 어려운 것을 가르쳐 드릴 때는 "자, 처음엔 눈으로만 보세요. 두 번째는 눈으로 보시면서 저와 함께해 볼 거예요. 그리고 세 번째는 스스로 해보시는 겁니다. 그래도 안 되시는 분들은 제가 직접 자리에 가서 봐 드릴게요"라고 하며 한 분도 낙오하지 않게 도우려 애썼다. 그런 성의 있는 티칭에 사람들이 감동받아 고마움을 전하곤 하는데, 그럴 때 나는 "여러분 어때요? 너무 친절하지 않나요? 그래서 제가 '친절한 세인씨' 같아요."라며 너스레를 떨곤 했다.

웃고 넘어가는 농담 한마디였지만, 그 농담의 목적은 '친절한 강사'를 떠올릴 때 나를 떠올리게 하기 위한 나만의 전략이었다. 이렇게 '친절'이라는 프레임을 거쳐 각색되어 나온 모든 결과물들은 조금씩 사람들에게 익숙해졌고, 이는 나를 '친절한 세인씨'로 기억하게 만들었다.

이처럼 나만의 콘셉트를 갖고 싶다면 내가 어떤 프레임을 쓸 것인지 먼저 결정해야 한다. 일시적 유행처럼 스쳐 지나가는 것이 아니라 내 비전과 이미지와 결이 맞고 길게 오래 가져갈 수 있는 것으로 말이다.

TIP 나에게 씌울 색안경은 무엇인가?

어떤 프레임을 가지고 나를 기억하게 만들지 고민해 보고 나만의 콘셉트를
정해 보자.

예)   유재석 ⋯➔ 겸손, 배려 → 국민MC
....

      문세윤 ⋯➔ 먹방 → 문선생
....

      박세인 ⋯➔ 친절 → 친절한 세인씨
....

....

....

....

....

....

찐 of 찐 콘셉트를 찾아라

앞에서 언급했듯이 나는 '친절한 세인씨'라는 브랜드로 출발하며, 이에 맞는 전략을 통해 꾸준히 성장해 왔다. 하지만 시간이 지날수록 브랜드명이 나에게 맞지 않는 옷처럼 느껴지기 시작했다. '친절한 세인씨'라는 브랜드로 활동하며 끊임없이 내적 갈등이 있었던 것이다. 나는 매우 현실적인 사람이고, 맺고 끊는 것도 참 잘하고 아닌 건 아니라고 말할 수 있는 사람인데, 내 브랜드명에 들어간 '친절한'이라는 단어가 나의 이미지를 그 속에 한정시키고 가두고 있었다.

무모한 부탁, 당연한 듯 바라는 친절과 배려, 그리고 갑질 ….

어느 순간 내가 정한 내 콘셉트에 내가 피해를 보고 있었다. 상대방의 잘못된 행동에 "그건 아니죠"라고 말하면 "친절한 세인씨

라더니, 아니네?"라며 오히려 나를 비난하는 사람들도 만나봤다.

'친절한 세인씨는 정말 친절한가요?'

한 번은 이런 제목의 포스팅이 업로드되어 심호흡을 크게 하고 본문을 열었다. 다행히 '만나보니 정말 친절합니다'라는 내용의 글이었다. 하지만 제목을 봤을 때 아주 잠깐의 시간이었지만 심장박동이 하늘을 찌르고 식은땀이 났던 것 같다. 그러던 중 현타가 왔다. '나는 정말 친절한가?' '내가 이 이름을 계속 짊어지고 갈 수 있을까?' 결론은 아니었다. 도저히 이대로 갈 수는 없을 것 같았다. 나는 그때부터 몇 년에 거쳐 내가 평생 가져갈 수 있는 내 브랜드명과 슬로건을 찾기 위해 노력했고, 그렇게 찾아낸 브랜드가 바로 '생각대로 사는 여자'이다.

내 과거의 모든 활동을 되돌아보고, 타인에게 객관적인 의견을 묻고 물어 얻어낸 결과였다. 나는 생각한 것을 현실로 만드는 사람이었다. 미완성이지만, 작고 소소하지만, 그럼에도 불구하고 결과를 만들어 냈다. 남들이 고민만 하고 준비만 거듭할 때 나는 바로 실행에 옮겼다. 생각대로 사는 여자로 생각한 것을 망설이지 않고 실행에 옮겼던 'Think & Do'가 바로 나의 최대 강점이자 남과 다른 나만의 차별점이었다.

나를 소개할 수 있는 모든 자리에서 "안녕하세요. 생각한 것을 현실로 만들고 기록을 통해 성장하는 '생각대로 사는 여자' 박제인입니다."라고 소개하며 내 브랜드에 대해 인식시켜 나가고 있다(나는 '박세인'에서 '박제인'으로 개명을 했다).

　나는 지금도 내가 지속할 수 있는 '찐 of 찐 콘셉트'를 찾고 있다. 과거에도 현재도 미래에도 내가 누군가에게 거짓말하지 않고 억지로 꾸미지 않더라도 늘 가지고 있는 나만의 특성, 그것을 내 찐 콘셉트로 만들어 가고 있는 것이다. 그렇게 나를 발견해 가며 남들이 바라는 이미지와 내가 원하는 이미지 사이의 간극을 차차 줄여 가다 보면 나 스스로 더욱 떳떳해질 수 있을 것이다.

목표 키워드로 시장을 장악하라

　　자신의 가치를 잘 드러내기 위해서는 자신의 활동영역에서 '대표성'을 지녀야 한다. 이때 내가 장악하고자 하는 '목표 키워드'를 제대로 선정하는 것이 매우 중요하다. 모든 대중이 나를 알아봐 주기를 바라는 것은 시간 낭비이다. 그것보다는 내가 목표로 하는 시장에서 먼저 인정을 받는 것이 우선이다. 특정 분야에서 제대로 자리를 잡으면 그 외 영역으로의 확장은 자연스럽게 일어나기 때문이다.

　　'마이북하우스'의 장치혁 대표는 26년 차 베테랑 출판 전문가이다. 이름만 대면 알만한 출판사의 편집장과 기획실장으로 근무했고, 그가 기획하고 출판한 수많은 책들은 베스트셀러가 되었다. 이러한 책에 대한 전문성을 가지고 〈행복한 글감옥〉이라는 책쓰기 프로그램을 개발하여 책쓰기 강의와 예비작가들의 출판을 돕는 기획 에이전시로 자신의 영역을 굳혀 나갔다. 꾸준히 수강생을 배출하며 그 수강생이 저자가 되는 과정을 통해 '책쓰기'라는 목표 키워드를 하나하나 장악해 나가며 차곡차곡 포트폴리오를 쌓아간 결과, 이제는 책을 쓰려면 먼저 장치혁 대표를 만나보라는 말이 나올 만큼 그 분야에서 대표성을 띠게 되었다.

장치혁 대표는 〈행복한 글감옥〉이라는 책쓰기 프로그램을 개발하여 예비작가들의 출판을 돕고 있다.

    장치혁 대표의 영향력을 단순히 팔로워 수와 같은 숫자로만 판단한다면 그리 크지 않다. 1만 명 정도의 SNS 친구를 보유한 마이크로 인플루언서에 불과하다. 하지만 전문분야에서의 영향력으로 본다면 엄청나다고 말할 수 있다. 이게 바로 목표 키워드의 장악이다. 자신이 공략하고자 하는 활동영역이 더 명확할수록,

그리고 그곳에서 주로 사람들 입에 오르내리는 목표 키워드가 무엇인지 확실하면 할수록 나를 가치 있게 알아볼 수 있는 **빠른 길**이 만들어질 것이다. 그렇다면 목표 키워드는 어떻게 찾으면 될까?

사람들이 즐겨쓰는 '고객의 사용언어'에서 찾아라

먼저 내가 주력하는 특정 분야가 있다면 그 분야의 대표 키워드를 검색해 본다. 예를 들어 '개인 브랜딩' 분야라면 이 분야에 대한 글을 쓴 사람들이 어떤 용어를 사용해 자신의 콘텐츠를 소개하는지 찾아보는 것이다.

그리고 그중에서 유사 키워드인 퍼스널 브랜딩, 셀프 브랜딩, 휴먼 브랜딩, 1인 브랜딩 등 사람들이 주로 검색하는 '사용언어'를 찾아내는 것이 첫 번째이다. 세상에 없던 독창적인 브랜드 키워드를 만들었다고 하더라도, 그것이 알려지기 전까지는 다른 사람들이 잘 알고 있고 인지하기 쉬우며 자주 사용되고 언급되는 고객의 '사용언어'를 활용해 마케팅하는 것이 중요하다. 그래야 더 많은 사람들에게 나의 글이 발견될 테니 말이다.

고객의 사용언어를 찾을 때는 네이버 검색광고의 키워드 도구를 활용하기를 권한다(https://searchad.naver.com). 키워드 도구의 키워드 검색 창에 내가 생각하는 그 분야의 대표 키워드를 검색해 보고, PC와 모바일의 월간 검색 수를 비교해 보자. 아마 내가 생각했던 것과 다른 결과가 나올 것이다. 이처럼 우리는 감으로만 예상하는 것이 아니라 실제 조회 수라는 통계에 근거한 목표 키워드 설정을 통해 좀 더 많은 사람들이 내 콘텐츠로 유입될 수 있도록 구체적인 계획을 세워야 한다.

이때 기준으로 삼아야 할 지표가 PC와 모바일의 '월간 검색 수'인데, 요즘은 모바일 검색이 PC보다 월등히 높으므로 모바일 검색에 우선순위를 두는 것을 추천한다. 참고로 월간 검색 수의 모

네이버 키워드 도구를 이용하면
다양한 키워드의 검색량을 볼 수 있다.

바일 버튼을 여러 번 누르다 보면 조회 수가 높은 순으로 정렬이 되는데, 이렇게 정렬한 뒤 우측의 다운로드 버튼을 누르면 엑셀 파일로 정렬된 결과물을 다운 받을 수 있다.

그리고 내가 생각하지 못했던 고객의 사용언어도 발견해 보자. 키워드 도구를 사용하면 내가 검색했던 단어와 연관된 키워드를 추천해 주기 때문에 내 콘텐츠가 속한 카테고리에서 자주 사용되는 단어를 예측할 수 있다. 여기서 추출된 키워드를 살펴보다 보면 내가 하는 일과 동떨어져 보이는 키워드도 발견할 수 있다. 이는 연관 키워드로 조회된 결과이기 때문에 그 키워드는 내 목표 키워드를 검색하는 사람들이 관심을 갖는 또 다른 분야일 수도 있고, 앞으로 경쟁이 될 수 있는 유사한 서비스나 아이템일 수도 있으므로 꼼꼼히 살펴보고 직접 네이버 첫 화면에서 통합검색으로 검색해 보기 바란다.

그밖에도 SNS에서 제공하는 연관검색어, 자동완성어, 해시태그 추천 등을 관심있게 살펴보면 목표 키워드를 분석하는데 도움이 된다. 각각의 카테고리에서 가장 영향력이 높은 고객의 사용언어를 목표 키워드로 정하고, 그밖에 다양한 관련 키워드는 콘텐츠의 제목이나 본문에 넣을 문장의 일부나 해시태그로 활용해 보는 것이다. 이렇게 연관성이 높은 단어들을 포함해 글을 작성하는 습관을 기르다 보면 글의 검색 가능성이 높아져 더 많은 유

입을 끌 수 있다.

무엇을 쓸지 늘 고민이 된다면, 나의 목표 키워드와 유사한 연관 검색어들 사이에서 글감을 찾아내 키워드를 조합해 제목을 만들고 글을 써보는 것도 좋은 방법이 된다.

이슈성 키워드를 활용하라

목표 키워드를 장악하고자 할 때 도움이 되는 것 중 하나는 이슈성 키워드를 활용하는 것이다. 예를 들어 내가 다이어트 전문가라면 현재 방송과 뉴스, 셀럽들 사이에서 유행하고 있는 다이어트에 대한 이슈를 소개하고, 이에 대한 자신의 의견을 덧붙여 자신이 알고 있는 다이어트에 관한 지식과 정보의 전문성을 어필할 수 있다. 즉, 이슈성 키워드를 활용해 콘텐츠의 주목도를 올리고, 사람들의 관심사가 이동하는 순간순간을 포착해 '기-승-전-본인'의 어필을 통해 나의 전문성을 보여주는 것이다. 다만 이슈성 키워드는 관련된 글의 작성자가 너무 많아 경쟁률이 높거나 관심이 잠깐 유지되다 사라질 수 있어 키워드가 상위노출이 되는 유효기간이 짧을 수 있다. 그래서 이슈성 키워드 외에 중요한 목표 키워드를 제목과 본문에 적절하게 넣어 작성한다면 이슈성 키워드의 영향력이 사라진 뒤에도 우리 목적에 맞는 키워드는 꾸준히 노출이 일어날 수 있다.

이슈성 키워드를 확인할 때는 먼저 현재 관심이 많은 주제가

네이버 첫 화면의 중간에 있는 [오늘 읽을 만한 글]에서 관심주제를 설정할 수 있다

NAVER DataLab.

데이터랩 홈   급상승검색어   검색어트렌드   쇼핑인사이트   지역통계   댓글통계

검색어트렌드

네이버통합검색에서 특정 검색어가 얼마나 많이 검색되었는지 확인해보세요. 검색어를 기간별/연령별/성별로 조회할 수 있습니다.

궁금한 주제어를 설정하고, 하위 주제어에 해당하는 검색어를 콤마(,)로 구분입력하여 주세요. 입력한 단어의 추이를 하나로 합산하여 해당 주제가 네이버에서 얼마나 검색되는지 조회할 수 있습니다. 예) 주제어 캠핑 : 캠핑, Camping, 캠핑용품, 겨울캠핑, 캠핑장, 글램핑, 오토캠핑, 캠핑카, 텐트, 캠핑요리

주제어1	퍼스널브랜딩	⊗	주제어 1에 해당하는 모든 검색어를 콤마(,)로 구분하여 최대 20개까지 입력	⊗
주제어2	개인브랜딩	⊗	주제어 2에 해당하는 모든 검색어를 콤마(,)로 구분하여 최대 20개까지 입력	⊗
주제어3	휴먼브랜딩	⊗	주제어 3에 해당하는 모든 검색어를 콤마(,)로 구분하여 최대 20개까지 입력	⊗
주제어4	1인브랜딩	⊗	주제어 4에 해당하는 모든 검색어를 콤마(,)로 구분하여 최대 20개까지 입력	⊗
주제어5	셀프브랜딩	⊗	주제어 5에 해당하는 모든 검색어를 콤마(,)로 구분하여 최대 20개까지 입력	⊗

기간   전체 1개월 3개월 1년 직접입력   일간 ∨

2020 ∨ 01 ∨ 09 ∨   2021 ∨ 01 ∨ 09 ∨

범위   ✓ 전체 ✓ 모바일 ✓ PC

성별   ✓ 전체 ✓ 여성 ✓ 남성

연령선택   전체

-12 13-18 19-24 25-29 30-34 35-39 40-44 45-49 50-54 55-60 60-

[네이버 검색 데이터 조회]

● 퍼스널브랜딩   퍼스널브랜딩
● 개인브랜딩   개인브랜딩
● 휴먼브랜딩   휴먼브랜딩
● 1인브랜딩   1인브랜딩
● 셀프브랜딩   셀프브랜딩

무엇인지 내가 속한 카테고리에서 이슈가 되는 글을 살펴보는 것이 좋은데, 네이버 첫 화면의 [오늘 읽을 만한 글]에서 관심주제 설정을 통해 내가 속한 카테고리를 설정해 두면 트렌디한 정보를 바로 받아볼 수 있다.

여기서 더 나아가 키워드별로 구체적인 트렌드를 보고 싶다면 네이버 데이터 랩(https://datalab.naver.com/)에서 분야별 인기 검색어를 살펴보거나, 검색어 트렌드에서 구체적인 주제어 및 기간, 범위(PC/모바일), 성별, 연령 선택을 통해 키워드의 영향력을 시각적으로 직접 검증할 수 있다.

이때 만약 내가 속한 분야의 대표 키워드를 사용하는 전문가가 너무 많아 키워드 장악에 어려움이 있다면, 그 카테고리에서 가장 이슈가 되고 있는 '트렌드 키워드' '이슈 키워드'를 이용해 바이럴해 보는 것도 방법이 된다.

내 분야의 목표 키워드 장악에 집중하라

특정 분야에서 나를 확실히 인지시키고 싶다면 관련 분야에서 최고를 찾아 그보다 더 잘하도록 노력해야 한다. 그들의 채널을 즐겨찾기로 팔로우하고, 그 분야의 이슈가 되는 콘텐츠를 눈여겨

보며 시장의 속도를 따라가자. 그리고 그 분야를 다루는 영상이나 매거진 등을 구독하여 업데이트되는 이슈에 맞춰 나의 경험과 전문성을 더한 콘텐츠를 발행하자.

나와 같은 분야의 전문가들이 있다면 그들을 바라보는 시선 또한 바꿔야 한다. 나의 경쟁자가 아니라 내 분야를 더욱 확장시켜 주는 동지로 말이다. 우리는 모든 영역에서 영향력을 갖출 필요는 없다. 내 카테고리와 내 목표 키워드 장악에만 집중하면 된다. 그게 가장 빠른 길이다.

TIP 이슈성 콘텐츠 찾는 법

구글 알리미

https://www.google.co.kr/alerts

구글 알리미에 내 목표 키워드를 입력해 두면 설정된 주기에 맞춰 자동으로 관련된 글이 메일로 전송된다. 가만히 앉아서 트렌드 기사를 받아보며 경쟁자들의 활동을 벤치마킹할 수 있다.

슬라이드 쉐어

https://www.slideshare.net/

슬라이드 쉐어는 불특정 다수가 자신의 PPT를 무료로 공개해 공유하는 사이트이다. 전문성 있는 자료를 찾을 때 유용하기 때문에 분야별 키워드 검색을 통해 최신 자료를 살펴보는 것을 추천한다.

그 외 살펴보면 좋은 곳

- 퍼블리 https://publy.co/
- 폴인   https://www.folin.co/
- 브런치 https://brunch.co.kr/

나만의 브랜드명을 만들어라

목표시장에서 고객의 사용언어와 그 분야의 트렌드 키워드를 검색하여 나를 찾게 하는 것까지 도달했다면 다음은 나를 '고유명사화'시키는 것을 추천하고 싶다. '나만의 브랜드명'이라고도 할 수 있는데, 이렇게 자신만의 유일한 브랜드명을 가지고 활동하면 나만의 경기장을 개척해 나갈 수 있다.

동기부여 강연가로 유명한 송수용 대표는 자신의 브랜드명을 'DID마스터'라고 붙였다. DID는 '들이대'의 약자인데, 그의 적극성과 실행력, 다양한 겁 없는 도전을 통해 이루어 낸 성과에 대한 강연 주제와 꼭 맞는 브랜드명이다.

'소울뷰티코치'라는 브랜드명으로 활동하는 김주미 대표는 내면의 아름다움으로부터 외면의 아름다움을 찾아가도록 돕는 이미지 메이킹 전문가이다. 자신이 하고 있는 서비스 키워드가 잘 드러나는 좋은 브랜드명이다.

브랜드 닉네임 작명 사례

■ 물어봐 영어!

영어라는 메인 콘텐츠를 통해 많은 사람들에게 영어를 가르치고, 번역 서비스, 영어 커뮤니티 운영 등 다양한 문화 콘텐츠 크리에이터로 활동하는 이소연 대표의 브랜드명이다. 어렵게만 느껴지는 영어를 '누구나 쉽게 다가서고 재미있고 만만하게 인지하고 다가오길 바라'는 의미에서 친근하게 (언제든지, 어디서든지, 걱정 말고) '물어봐 영어!'라고 지었다.

'누구나 쉽게 다가서고 재미있고 만만하게 인지하고 다가오길 바라'는 의미의 <물어봐 영어!>라는 브랜드

■ 빌딩과 사랑에 빠진 남자, 빌사남

빌딩 전문 중개회사의 창업을 준비하던 김윤수 대표는 '빌딩 거래하는 청년'이라는 닉네임으로 활동했으나, 너무 상업적인 '거래'라는 단어와 '청년'이라는 연령을 한정 짓는 단어로 인해 장기적인 관점에서 좋지 않은 닉네임이라 판단되어 '거래하는'을 '사랑에 빠진'으로 변경하여 상업성을 배제하면서도 호기심이 느껴지는 단어로, '청년'은 '남자'라는 단어로 바꾸어 좀 더 확장된 연령대까지도 커버가 가능한 단어로 바꾸었다.

〈빌딩 중개를 시작으로 사업을 확장하고 있는 〈빌딩과 사랑에 빠진 남자〉의 블로그〉

이렇게 만들어진 '빌딩과 사랑에 빠진 남자'는 내가 지어준 브랜드명 중에서 가장 성공한 브랜드 중 하나이다. 이후 약칭이었던 '빌사남'으로 회사의 사명을 정하고, 꼬마빌딩 중개를 시작으로 사업을 확장해 지금은 모든 부동산 매물을 다루는 자회사까지 설립해 부동산 중개업 외에 세무상담, 인테리어, 청소, 이사, 빌딩 관리서비스 등으로 영역을 넓혀 가고 있다(지금은 BSN으로 사명이 변경되었다).

■ Finale

'스타일 브랜딩 랩'의 최지혜 대표는 '사람을 어떻게 사랑할 것인가?'라는 물음을 가지고, 세상에 단 하나뿐인 나를 브랜드로 만들기 위한 스타일 브랜딩 회사를 운영하고 있다.

그녀는 고객 맞춤형 액세서리 브랜드를 런칭하며 네이밍을 의뢰했는데, '나다움의 완성' '스타일의 완성'을 돕는 액세서리가 99도에서 1도가 모자라 끓지 못했던 물처럼, 멋지게 패션쇼를 완성시키며 무대 위 피날레를 장식하는 모델의 모습이 연상되어 브랜드의 이름을 '피날레'로 정했다.

브랜드를 바이럴하라

　자신을 '고유명사화' 할 수 있는 키워드를 정했다면 그것을 지속적으로 인식시키기 위해 꾸준히 바이럴하는 게 중요하다. 이때 해시태그를 사용해 브랜드명과 내 목표 키워드가 함께 꾸준히 누적되다 보면 그 분야에서 전문가로 자리 잡기가 한결 쉬워진다.

　나는 그동안 K-BOOK을 알리기 위해 북콘서트 MC, 저자들의 신간 홍보 및 브랜딩, 저자 초청 오디오클립 인터뷰, 방송, 출판, 서평단 운영, 책을 주제로 한 소모임 등 책과 관련된 활동을 꾸준히 진행해 왔다. 그리고 이러한 활동을 통해 출판이라는 분야의 카테고리에서 대표성을 띄게 되었다.

나는 이 과정에서 책 마케팅, 저자 브랜딩을 할 때 회사명인 '사람북닷컴'과 더불어 '북토크쇼' '북콘서트'라는 해시태그를 반복적으로 사용해 왔다. 쌓여가는 포트폴리오가 언젠가는 그 효력을 발휘할 거라고 믿었기 때문이다. 이렇게 2015년부터 시작한 방송은 2018년에 들어서자 하나둘씩 결과가 나타나기 시작했다. 이때부터는 자비 투자가 아닌 출판사와 저자의 의뢰를 받아 진행비를 받으며 북토크쇼를 진행하게 되었고, 2020년에는 삼성디스플레이에서 진행하는 사회공헌사업인 '책울림 북콘서트'에 청소년 대상 자기계발 강연가로 초대받게 되었다. 주최측은 자신들이 기획하는 행사에 적합한 사람을 찾다가 내가 진행하는 북콘서트 관련 게시글과 영상을 보고 바로 연락을 주었다고 했다.

누군가는 나에게 '운이 좋다'고 말하기도 한다. 물론 나는 운이 좋은 사람이다. 하지만 그 전에 물이 흐르는 방향을 캐치하고 그것에 맞춰 징검다리를 놓았기 때문에 계속 물에 빠지지 않고 안전한 지대로 가는 발걸음을 옮길 수 있었다고 생각한다. 그러니 당신도 자신을 소개하는 고유명사(브랜드명)를 만들고 목표 키워드를 바이럴하며 세상에 알리는 활동을 꾸준히 지속하길 바란다.

TIP 브랜드명을 지을 때 유의할 사항

- 유일성 : 네이버·구글 등의 포털 사이트와 SNS에서 브랜드명과 상호명을 검색해 보고, 상표권 등록 조회(www.kipris.or.kr) 등을 통해 남들이 사용하지 않는 유일한 이름을 짓는다. 시작부터 동일한 브랜드로 남들과 경쟁할 필요가 없다.

- 연관성 : 나와 너무 동떨어지지 않는 연관된 이미지의 이름을 구상한다. 누가 들어도 납득이 될 만한 이름을 지으면 더 기억하기 쉽다.

- 직접성 : 내가 다루는 메인 콘텐츠의 주제가 포함된 단어(상품, 서비스 키워드)를 포함한다. 저절로 광고 효과를 낼 수 있다.

- 목표성 : 내가 바라는 최종 목적을 포함한다. 지금의 나와는 거리가 좀 있더라도 목표지향적인 이름을 통해 브랜드가 가야 할 방향을 명확히 보여줄 필요가 있다.

- 시장성 : 잠깐 이슈가 되는 단어인지, 지속적으로 사랑을 받을 수 있는 단어인지, 소수에게 언급되는 단어인지, 다수에게 언급되는 대중적인 단어인지 장기적인 관점에서 판단한다.

- 지속성 : 최소 10년 동안 이 브랜드를 사용할 수 있을 것인지, 사업과 서비스의 확장성까지 반드시 고려해야 한다.

칭찬과 격려를 받으며 나아가라

인플루언서로 내 가치를 증명받기 위해서는 결과만 보여주는 것이 아니라 반드시 그 목표와 과정에 대해 알리는 것이 좋다. 사람들은 나와 같이 평범했던 사람이 특별해지는 것에 관심이 많다. 나도 그들 중 한 사람이 되고 싶은 열망이 있기 때문이다.

과정을 공유하며 참여를 유도하라

내가 관심있게 지켜보는 영향력 있는 인플루언서 중에서 자기계발 분야의 분들은 대부분 성과를 만들기 위해 '목표 알리기' 방법을 많이 활용한다. 책쓰기를 목표로 한다면 매일 글을 써나가는 인증을 통해 그 과정을 응원받는다. 그리고 그 과정을 통해 책이 출간되면 사람들은 그 사람이 그동안 해온 노력까지 더해 그 가치를 인정해 주고, 그 책의 필요 여부와 상관없이 그 노력에 대한 팬심을 인증하며 책 구매 릴레이를 이어간다. 그 책을 출간하기까지의 과정에 '참여'하게 된 느낌 때문이다.

'도자기 카네이션'이란 작품을 통해 스타 아티스트이자 인플루언서로 자리 잡은 김소영 작가가 있다. 저렴한 월세를 찾아 봉천동 구석진 곳에 공방을 열고, 인테리어비용이 모자라 페인트 칠부터 간판까지 혼자 처리해 가며 시작한 김소영 작가는 자신의 작품이 만들어지는 과정을 하나부터 열까지 모두 SNS에 공유했

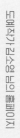

다. 작품을 구상하며 스케치하고, 흙을 반죽하고, 색을 입히고 구워내는 전 과정을 공유했고, 개인전을 여는 것이 목표임을 알리며 자신의 작품과 열정을 꾸준하게 보여줬다. 그 과정을 지켜봐 온 사람들은 작가의 팬이 되었고, 팬들의 크라우드 펀딩을 통해 개인전이 완성되었다. 과정에 대한 기록이 영향력을 만들었고 그것이 멋진 결과로 이어진 것이다.

칭찬과 격려는 큰 응원이 된다

이외에도 우리가 목표와 과정을 알리고 그로 인해 완성된 결과에 대해 알려야 하는 이유 중 하나는 오롯이 나를 위함이기도 하다. 누구나 일을 하다 보면 어느 순간 슬럼프가 오거나 지치기도 한다. 나 역시 힘들어 포기하고 싶을 때가 있다. 이럴 때 나는 주변의 응원을 받기 위해 SNS에 글을 쓴다. 내가 이루고자 하는 목표를 응원하는 단 한 사람의 댓글일지라도 반드시 응원이 되기 때문이다. 지금 이 글을 쓰고 있는 중에도 나는 SNS에 원고 집필 중임을 알렸다.

'책 나오기만을 기다려. 구독자를 넘어 마케터도 될 테야!'

'현기증 난단 말예요. 얼른 출판해 주세요. 총알 충전 완료!!!'

댓글을 보며 웃고 있는 나를 발견한다. 힘들고 지칠 때 나는 이처럼 타인의 믿음을 내 의지력을 보완하는 데 쓰고 있다.

사람은 인정받기 원하는 존재이다. 칭찬과 인정 그리고 격려와 응원은 우리가 목표를 위해 나아가는데 있어 정말 중요한 에너지원이다. 나의 목표를 이루는 데 든든한 지원군이자 나의 마케터가 되어줄 팬들을 만나기 위해 목표와 과정, 결과를 알리며 앞으로 한 계단씩 천천히 나아가면 된다.

또한 남들에게 계획을 알리고 이루겠다는 목표를 밝히는 순간부터, 그 목표는 비공식적인 약속이 아닌 공식적인 약속이 되면서 스스로를 자극시키는 원동력이 된다. 그래서 나는 뭔가 하고 싶은 것이 있으면 그것을 사람들에게 이야기하고 다닌다. 그럼, 그분들은 나를 볼 때마다 "전에 이야기했던 책 출간 건은 잘 준비되세요?"라고 묻곤 하는데, 지키지 못할 말을 떠벌리고 다니는 말만 하는 사람이 되고 싶지 않은 자존심 쎈 나는 어떻게든 그 말을 지키려고 노력하게 된다. 남들에게 기죽기 싫어하는 내 성격적 특성과 남들보다 더 유난스런 책임감이라는 나의 성향을 이용해 나만의 성공에 다다르는 방법을 찾아낸 것이다.

　　그리고 유난히 끈기가 없고 하나만 꾸준히 하는 걸 질려 하는 내 단점을 잘 알고 있기에, 너무 높은 목표를 세우기보단 지금보다 조금만 더 노력하면 도달할 수 있는 작은 목표를 세우고 하나씩 성취할 때마다 그것을 칭찬받기 위해 SNS에 올렸다. 칭찬받으면 더 열심히 하고 혼을 내면 청개구리같이 반대로 행동했던 내 모습을 너무 잘 알고 있기 때문에 게을러지고 지겨워할 때쯤 목표에 도달해 칭찬받아 지치지 않고 다음을 실행할 수 있는 나만의 성공에 다다르는 시스템을 만들어 계단을 오르듯 차근차근 내가 바라는 바를 이루어 나갈 수 있도록 한 것이다.

　　물론 사람마다 다르기 때문에 내가 하는 방법이 모두에게 적용된다고 생각하진 않는다. 하지만 자신을 알아가는 과정을 통해 나만의 성공전략을 세우고 자가발전시스템을 갖춘다면 그것이 그 사람의 최선이 될 것이다.

생각하고, 기록하고, 전파하라

또한 나는 생각하는 힘, 적는 힘, 말하는 힘을 믿는다. 생각한 것을 기록으로 남기고, 스스로 그것을 자신의 입을 통해 전달하게 되면 그것을 실행하게 될 확률이 높아진다. 실제로 미국 예일대학 심리학과 존 바그 교수는 "우리 뇌는 '움직인다'라는 단어를 읽으면 무의식적으로 행동할 준비를 한다"고 말했다. 특정 단어가 뇌의 특정 부위를 자극하기 때문이다.

이처럼 내가 바라는 것이 있다면 그것을 생각에서 끝내지 말고, 적고 말하는 것을 통해 실행할 수 있는 확률을 높여야 한다. 내가 직접 작사한 노래에는 'Think and Do 늘 기억해! Think and Do는 1+1인 걸~'이란 가사가 나오는데, 노랫말처럼 생각과 실행은 늘 한 세트로 움직여야 한다. 그리고 그 출발은 생각하고 적고 말하는 것으로부터 시작된다. 그러니 당신의 목표와 과정, 결과를 기록하고, 팬들의 칭찬과 격려를 받으며 앞으로 나아가자.

영향력은 타인을 성장시킬 때 더 커진다

'선한 영향력'이 중요하다는 말은 시간이 지나면 지날수록 더 가슴에 와 닿는다. 영향력이 커지면 커질수록 우리가 SNS에 올리는 하나의 게시물도 누군가에게는 득이 될 수도 있고, 누군가에게는 해가 될 수도 있기 때문이다.

인플루언서로 성장해 가며 지켜보는 사람이 많아질수록 우리는 더 좋은 사람이 되어야 한다. 그리고 나의 성장을 넘어 나와 함께하는 팬덤과 커뮤니티의 성장에 어떤 도움을 줄 수 있는지에 대해 늘 고민해야 한다. 진심이 오가는 사이를 넘어 사람들이 내 플랫폼에 머무는 이유에 대해서도 반드시 고민해 봐야 한다. 처음에는 매력으로 다가왔다가 일정 시기가 지나 콩깍지가 벗겨진 다음에도 내 곁에 머물 수 있는 사람이 누구인지, 그들이 진정으로 원하고 필요로 하는 것이 무엇인지 알아내야 한다.

나의 성장을 넘어 상대방의
성장을 함께 고민하자

내가 사람들로부터 받은 좋아요와 댓글, 공유로 영향력을 얻고 원하는 목표를 이룰 수 있었듯, 내 주위의 사람들이 원하는 꿈을 이룰 수 있는 발판을 마련해 줄 수 있을 때 그 커뮤니티는 오래 갈 수 있다. 특히 '성장한다'는 느낌을 받는 커뮤니티는 더 단단해진다. 지적인 성장, 내적인 성장, 부의 성장 등 성장의 종류는 다를 수 있겠지만 커뮤니티에 속해 있을 때 삶이 긍정적으로 변하고, 눈에 보이는 결과를 만들어 낼 때 그 모임은 지속될 수 있다고 생각한다.

나는 '사람북닷컴'이라는 회사를 만들며 '보통사람 1,000명이 모여 특별한 사람이 되는 곳'이라는 비전을 세웠다. 1명의 주인공을 만들기 위해 나머지 999명이 청중, 독자, 고객이 되어 준다면 누구나 꿈을 이루는 커뮤니티가 될 수 있다고 믿었기 때문이다.

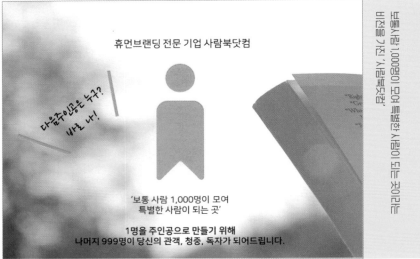

  실제로 사람북닷컴을 운영하며 많은 사람들의 꿈을 이루어 주
는 일을 할 수 있었다. 무명배우였던 이지혁 님은 〈I♥BOOK 브
랜딩 책쓰기 스쿨〉을 통해 에세이 작가로 데뷔하며 '쓰는 배우'로
자신을 브랜딩할 수 있었고, 지금은 저자이자 강연가라는 타이틀
로 자신의 존재를 알리고 있다. 책 출간 당시 이지혁 저자의 에세
이가 베스트셀러 20위권까지 오른 적이 있었는데, 자신이 너무
존경하는 배우 하정우의 책과 나란히 순위를 달리는 장면을 캡처
해 SNS에 올리며 좋아하던 모습이 아직도 기억에 선하다.

  수많은 저자들의 북콘서트를 진행하며, 마케팅에 어려움을 겪는 저자들과 출판사들을 대신해 내가 직접 무대를 만들고 관객을 모아 그들을 무대에 세웠다. 그렇게 만난 인연 중에는 지금 엄청난 성장을 이룬 분들도 참 많다. 《엄마의 돈 공부》의 이지영 저자는 책이 출간되기 전부터 블로그 컨설팅을 통해 인연을 맺었는데, 첫 책의 프로필 사진을 내가 직접 찍었고, 출간된 후에는 북콘서트까지 함께했다. 저자의 콘텐츠에 대한 확신이 있었기 때문이다. 북콘서트는 페이스북 라이브를 통해 함께 생중계되었는데, 2시간 만에 20만이 넘는 조회 수를 기록해 나 역시 깜짝 놀랐던 기억이 난다. 지금 이지영 저자는 엄마들의 경제 멘토이자 수많은 팬덤을 보유한 인플루언서로 자신의 영향력을 펼치고 있다.

'사람북닷컴'의 커뮤니티에 가장 오랜 시간을 함께하고 스태프로까지 활동했던 이준태 님은 지하철 택배로 쥬얼리를 배달하는 일을 하고 있었다. 그는 자신의 환경을 바꾸어 보겠다는 굳은 의지를 가지고 무려 5년이라는 시간을 내가 진행하던 모든 강의와 행사에 함께하며 성실함을 증명했고, 내가 직접 운영했던 바이럴 마케터 자격증 과정을 수료한 첫 수료생이기도 했다. 그 인연으로 새로운 직장에 취업해 당당한 사회인으로 발을 내딛을 수 있었고, 지금도 자신이 원하는 직장에서 열심히 근무하며 근무 외의 시간에는 다양한 자기계발 활동을 이어가며 끊임없이 성장하고 있다.

진정성 있는 영향력의 모습

MKYU에서 20강의 블로그 강의를 진행하며 자기계발 분야의 독보적인 메가 인플루언서 김미경 대표가 왜 이런 과정을 준비하게 되었는지 들어볼 기회가 있었다. 김미경 대표는 "이 강의를 통해 MKYU의 학생들이 자신의 힘으로 생계에 보탬이 되고 인디펜던트 워커로서 성장하는데 도움이 될 수 있게 하고 싶다"라는 원대한 꿈이 있었다.

나 역시 성장하는 회사는 자신의 성장과 함께 파트너들의 성장을 넘어 팔로워들의 성장, 또 사회에 성장동력을 불어넣는 가치 있는 사업을 하는 곳이어야 한다고 생각한다. MKYU가 그런 곳이었다. 지금 시대에 꼭 필요한 즉시교육을 통해 엄마들의 성장을 돕고, 배운 것을 바로 결과로 만들 수 있도록 돕는 곳이다. 이런 곳이기에 수많은 팬덤이 생겨났고, 그들은 김미경 대표의 진정성에 전격적으로 지지를 보내고 신뢰하고 있다. 라이브방송을 하면 1,000명이 넘는 사람들이 실시간으로 접속해 댓글을 남기며 적극적으로 참여한다. 나 역시 그중 한 사람이기도 하다.

뜻을 함께하는 지지자 1,000명이 모이면 그 영향력은 엄청난 화력을 지닌다. MKYU가 성장할 수 있는 것은 실제로 그 플랫폼을 통해 성장하고 결과를 만든 사람들의 진정성 있는 후기 덕분이기도 하다. 이곳을 통해 성장한 자신의 모습을 전후로 비교해 올려둔 후기를 읽다 보면 평범한 나도 이렇게 될 수 있다는 자신감이 생긴다. 자기계발을 하고 싶게 만드는 최고의 동기부여가 되는 이유이다.

내 영향력 지분의 일부는 팬에게 있다

내가 얻은 영향력은 온전히 내 것이 아니다. 사람들의 '좋아요'와 '댓글'을 먹고 자랐듯 나의 영향력을 세상에 어떻게 돌려주고 함께 성장할 것인지, 지금 내가 하고자 하는 것이 나와 고객뿐 아니라 세상에 어떤 영향을 줄 것인지 다시 한번 생각해 보자. 그리고 나와 같은 성공모델이 세상에 태어날 수 있도록 또 다른 씨앗을 심어 건강한 세대교체가 일어나게 하는 것, 그렇게 건강한 생태계를 만들어 가는 것이 우리가 해야 할 일이다.

'영향력은 우리의 온전한 소유물이 아니다.'
'영향력의 지분의 일부는 팬에게 있다.'
'매 순간 감사를 잊지 말자.'

PART

3

영향력을
유지하는
방법

"

견고한 기초 위에
좋은 건설이 있고,
튼튼한 뿌리 위에
좋은 꽃과 열매가 있다.

◆

안창호

"

골수팬은 자산 1호다

SNS 플랫폼에서 어느 정도의 팬덤이 형성되며 내가 원하는 결과가 나타나기 시작하면 어느 순간 잊게 되는 것들이 있다. '초심'과 '기본'이다. 이 두 가지를 꾸준히 가지고 가는 인플루언서들은 시장에서 살아남고, 이를 잃어버린 사람들은 어느새 흔적도 없이 사라지게 된다.

'초심' 그리고 '기본'을 잊지 말자

나는 지금도 내가 SNS를 처음 시작했을 때 인연을 맺었던 사람들에게 늘 감사한 마음을 가지고 있다. 내가 쓴 게시글에 어김없이 '좋아요'를 눌러주고 '댓글'을 달아주며 아낌없이 친절을 베풀어 주셨던 분들이 계셨기에 내가 SNS 세상에 꾸준히 흥미와 관심을 가지고 나아갈 수 있었다. 그분들이 있었기에 이렇게 책을 쓰는 저자가 될 수도 있었고, 강의를 하는 강사가 될 수도 있었고, 사업가가 될 수도 있었다. 그분들의 '도움'으로 성장하고 있다는 것을 잊지 않고, 나에게 작은 성의를 보여준 '댓글'과 '좋아요'에 늘 기쁘고 감사하는 '초심'을 간직하고자 항상 마음먹는다.

'기본'을 잃지 않는다는 것은 균형 있는 콘텐츠 관리부터 시작해 꾸준하게 나를 알리는 지속성, 그리고 팬들과의 접점을 늘리기 위한 다양한 노력과 시도라고 생각한다. 그러한 부분을 지속 발전시키지 않고는 성장할 수 없기 때문이다. 특히 언택트 시대가 열리며 팬들과의 소통법도 빠르게 변하고 있다. 그 변화에 맞춰 적극적으로 준비하는 노력도 인플루언서가 영향력을 유지하기 위한 기본 중의 기본임을 잊지 않고 있다.

숨은 팬을 열성팬으로 만들어라

SNS는 '좋아요'를 일정 수준 이상 받아야 노출되는 로직을 가지고 있어 한 건의 '좋아요'도 없는 게시물은 당연히 피드에 노출되기 어렵다. SNS는 대부분 인기순 정렬이거나 평소 소통을 주고 받던 사람들 위주로 뜨기 때문이다. 최신순으로 게시글이 노출되어 남들 눈에 띄었다 한들 아무도 반응하지 않는 글에 첫 댓글이나 첫 공감을 누르는 것을 사람들은 심리적으로 꺼려하는 경향이 있기 때문에 게시물 활성화가 어려운 것이 현실이다. 그래서 적어도 3명 이상의 지지자가 당신의 게시물에 '좋아요'를 눌러주는 것이 필요하다.

우리가 SNS에서 소통을 할 때 지속적으로 체크해 봐야 하는 것들이 있다. 우선 나를 진짜로 지지해 주는 지지자가 누구인지 확인하는 것이다. 내가 최근에 올린 10개 정도의 게시물에서 '좋아요'와 '댓글', '공유'한 사람들의 리스트를 한 번 살펴보자. 실제로 그 리스트를 직접 확인해 보면 특정한 사람들이 지속적으로 '좋아요'를 누르고 '댓글'을 다는 것을 발견할 수 있을 것이다. 평소 댓글 한 번 달지 않아 전혀 존재감이 없었던 친구였는데, 내 게시글 모두에 열심히 '좋아요'를 누르며 소극적으로 마음을 표현하는 숨은 팬을 만날 수도 있다. 이때 그런 팬들의 계정에 찾아가 애정의 반응을 남긴다면 그들은 앞으로 댓글까지 남길 수 있는 조금 더 적극성을 띤 열성팬이 될 수도 있다.

'찐 팬'들에게 감사의 마음을 전하라

우리는 영향력 있는 사람이 나의 글에 '댓글'을 달거나 '좋아요'를 눌러 주면 어쩌다 한 번의 반응임에도 아주 큰 고마움을 느낀다. 이에 반해 늘 공기와 물처럼 내 곁에 머물며 끊임없이 나를 응원해 주고 있는 주변의 가까운 사람들은 쉽게 지나쳐 버린다. 너무 익숙해져 버린 것이다. 이처럼 우리는 어느새 익숙한 사람들과의 소통은 소홀해지고, 늘 신규 팬과 영향력 있는 사람만 찾아 헤매는 경향이 있다. 자신이 속한 영역을 계속 확장하고자 하는 욕구 때문이다.

하지만 나의 영향력을 유지하는데 있어 일정 기준을 채워주는 열성 팬이자 골수팬은 나의 자산 1호이다. 나에게 늘 어김없이 '좋아요'와 '댓글'을 남겨주는 꾸준한 골수팬들이 있었기에 내가 올리는 대부분의 게시글이 인기글이 되고 더 많은 사람들에게 노출될 수 있었던 점을 꼭 기억하고, 그들의 소중함에 다시 한번 더 감사하는 마음을 가지기를 바란다. 지금도 늦지 않았다. 진짜 내 '찐 팬'을 찾아 그들에게 다정한 '댓글'과 '좋아요'로 마음을 전해 보자.

콘텐츠 자산을 균형 있게 관리하라

영향력을 유지하는 데에는 '균형'이 무엇보다 중요하다. 우리의 콘텐츠를 '자산'이라고 본다면 우리의 영향력을 돈으로 만들기 위한 자산으로는 '감정자산' '커리어자산' '인맥자산'의 세 가지가 있다. 하나하나 살펴보자.

감정자산

첫 번째는 감정자산이다. 감정자산이 필요한 이유는 모든 SNS가 사람을 상대하기 때문이다. 사람들은 자신의 생각과 감정이 솔직히 드러난 글에서 진정성을 느끼고 공감하며, 그때부터 겉핥

기식의 소통이 아닌 '나와 비슷한 사람' '나와 같은 사람'이라는 연결된 느낌을 가지고 진짜 소통을 시작한다. 그 '동질감'으로 인해 '좋아요'와 '댓글'을 달고 '공유'를 하는 액션이 일어나고, 그것은 나의 영향력을 높이는데 중요한 역할을 한다.

커리어자산

두 번째는 커리어자산이다. 나의 몸값을 높이기 위해서는 경력과 업적에 대한 커리어의 기록이 필요하다. 내가 지금까지 이루어 온 성과와 포트폴리오를 끊임없이 콘텐츠로 생성해 알리는 것은 내가 그만큼의 일을 해낼 수 있는 자질을 가진 사람이라는 것을 증명할 수 있다. 커리어가 쌓이면 쌓일수록 내 전문성을 인정받게 되고, 내 몸값이 오르게 되는 것이다.

커리어자산에는 꼭 내가 작성한 콘텐츠뿐 아니라 타인이 적어 준 댓글과 후기도 포함된다. 이렇게 타인의 인정을 받은 콘텐츠는 그 힘이 더 세다. 내가 내 것을 늘 좋다고 하기보다 남들이 좋다고 인정해 주는 것이 더 객관성을 높여주기 때문이다. 그러니 내가 해온 경력·업적과 타인의 후기에 균형을 맞춰 커리어자산을 관리하는 것이 필요하다.

인맥자산

    세 번째로는 인맥자산을 꼽을 수 있다. 내 영향력을 높이는 데는 주변인의 도움도 필요하다. 내가 어떤 그룹에 속해 있고 어떤 활동을 이어왔느냐가 내 영향력을 판단하는 척도가 되기도 한다. 때로는 나와 연결된 사람이 나의 신뢰도를 결정하기도 한다. 낯선 이에게 처음 친구 신청이 왔을 때 나는 항상 '함께 아는 친구' 리스트를 본다. 거기에 내가 신뢰하는 사람들이 속해 있을 경우 나는 그분에 대해 상세히 알아보지 않고도 내 친구들이 맺어온 관계에 대해 신뢰하며 친구를 맺곤 한다. 특히 아무나와 쉽게 친구를 맺지 않는 분들이 그 리스트에 속해 있다면 그 가치는 더 높게 느껴지곤 한다.

    인맥자산을 잘 관리하기 위해서는 관심 있는 분야의 강연이나 행사 등을 찾아가 끊임없이 공부하고, 참석자들과 인사도 나누고, 내가 속한 카테고리의 전문 콘텐츠를 생산하는 사람들과 협업을 통해 그들의 채널에 내가 소개될 수 있는 기회도 만들어야 한다. 그리고 관련 분야의 컨퍼런스가 있다면 참석해 최신 정보를 습득하면서 관계자와도 긴밀하게 소통해야 한다. 그리고 이렇게 인맥자산을 쌓기 위해 노력하는 모습을 콘텐츠로 만들어 기록해 나가면 된다.

감정자산

jaehimunni
감은해변

jaehimunni 거칠 길이 여행하는 분들은
자기의 여행 #소울메이트를 만난다며
너무 행복해 보입니다.
놀 #베스트포토존 찾아 가장 밝고 예쁘게 포토 찾아주며 사진
찍어주고 포즈 가리는 거 없이 다 담에고 특별한 뭔받이 없어 차가
는 거 가리지 않고 다 하는 성격이라 ★★
★구정 여행을 가도 제일 잘맞는 사람이라는 소리를 들어요
사실 여행인들을 그냥 봐보 나도은 것자체가 행복이라 집착을 순간
행복도 자유롭고 행복하거든요
제가가 제가 좋아하는 이쁜과의 여행이나 뭔을 만 중결이에요
이번 #강좋은데도 너무 좋았어요
제 찐친 주미언니들 함께한 분이네그로 주위를는 기회이 떨동i로
대화축서 고마워 언니♥ #생각대로사는크자 #박작인 #재신언니
#강좋가좋다한곳 #강은해수욕장

jaehimunni ♥♥
15분 좋아요 1개 답글 달기

soozhan_monica 성유하는게는 다 이뻐가 있답니다! 혹시 성운
할 수 박에 없는 저렴들이에요 👏👏👏👏 을 기다리에요⌣
15분 좋아요 1개 답글 달기

beautyjiena 함께 해서 행복했다이 고마워 내몸성 깍인 😊♥

커리어자산

parkjaehin_official
사람책방도

parkjaehin_official 내 책을 가장 영자있게 소개해주는 곳!
★온앤오프즈직북콘★

나를 가장 매력있게 소개하는 사람!
9년 경력의 ★퍼른시토MC ★박재인

★온앤오프를 잘을 대행주는 어티스트
★원앤오프 의 출박문관각지.

차가도 방송도 최고로 만착는
선물같은 시간
책과 음악이 함께하는 온앤오프 조직북콘에 놀러오세요!

힐링과 배움이 함께 있는 ★사람책방 에서 매월 열립니다.
바쁜 공지 하이라이트를 확인하세요

★온오프 ★생각대로사는크자 재님 책무 구매 월림신청시 인제나 직
책 무료로 만나주실 수 있습니다!

📞 문의 DM or 010-6791-4713
★북토크소 ★자자강연회 ★작가강연회 ★출간회 ★마케팅 ★
브랜딩 ★작가브랜딩 ★책마케팅 ★친책청자 ★발룡데소년강온
기갸기

인맥자산

jaehimunni
MIOU CAMPUS

jaehimunni ★miyu ★김기경학장님 과 ★러브팅ㅣ
★소셜오픽 인 라스 날행하며 많을 찾아내서는 마도에 대해 배웠어
요.

지난과 정보에 의해 음직일 방향성을 휘장하고 숫자와 데이터로
담을 찾아가며 제작 말리는 열자르서너 노선을 찾아가는니
대요리 삶
대표로 고민하는 말술과 후기는 누구도 대해할 수 없고 자가 자
리에 제일일을 찾으면 인가의 오류가 오류이 고른가 잔막업해트다
는 뭐이 너무 이해되었습니

기업이 외면 행을 수 있는 건 우가지 뭐나에요.
실행이 가치가 잘하보다니 올레가나.
어떠어한 한 사람이 담담하기어는 너무 큰 온제들일 프로직인. 집
미를 확인업를 법면 고뭐들 감당할만한 충분히 그룹과 안레.... 태도
를 잘 봐★이 되어 있었어요

놀 실행대학생에게 진실를 던한다면 생을하면 해제됐지 고민하시고
처접은을 일찍 오르고 가기 위해서 어떻게 지속적 생존과 생장을
는 걸해야할지요.
다가오는 내 시장의 빠르게 대응하기 위해 누구보다 더 깊이 공부
하고 네트워크를 만들어가며 대범함이 진화하고 계씨기능요.

그랬게 가장 눈부른 것은 언제나 살아 있는 순간에 늘 바뀌는 벼러
도 범주하는 감동을 줄 행복이기예요 진나갔다는 거예요
출직하는 태음를 자신감이란 생각이 듭니다.

나의 경우에도 'K-BOOK을 알리자'는 비전을 가지고 있기에 매년 다양한 출판 관련 컨퍼런스에 참석하기도 하고, 책쓰기 유료 강의를 직접 들어보기도 하고, 출판사들과 접점을 만들기 위해 책 리뷰어로 활동하기도 한다. 또 책을 출간한 저자들에게 인터뷰를 요청해 오디오클립을 발행하여 내 채널과 저자들의 채널에 자연스럽게 노출하며 책 관련 분야에서의 영향력을 지속적으로 넓혀가고 있다.

각각의 콘텐츠 자산을 균형 있게 관리해야 하는 이유

개인의 감정자산이 너무 치우치게 되면 그 계정은 일기장 또는 감정을 쏟아내는 대나무숲이 되어 버린다. 지극히 개인적인 것이 많아지면 내 커리어 콘텐츠는 당연히 가려지게 된다. 나도 한때 그랬던 적이 있다. 아이가 태어났을 때 아이에게 쏙 빠져 한동안 아이와 함께하는 개인적인 소식을 주로 올리던 때였다. 하루는 강남에 책 출간 기념 강연을 하러 가던 길이었는데, 횡단보도에서 낯선 사람이 나를 알아보며 이렇게 인사를 건넸다.

"어머! 이번에 아이 낳으신 세인 씨 아니세요?"

남들에겐 별거 아닌 인사말이었을지라도 나에게는 큰 충격이었다. 늘 사람들이 나에게 인사를 건넬 때에는 "블로거 세인 씨 아니세요?" "박세인 강사님 아니세요?" "방송하시는 세인 씨 아니세요?"와 같은 인사말이었는데 '아이 낳은 세인 씨'라니….

그날 이후 나는 아이와 함께하는 계정과 내 일반 계정을 분리해 운영하고 있다. 자칫 이로 인해 일에만 전념하느라 아이에게 관심이 적다고 오해할 수도 있겠지만 그 부분은 감수해야 한다. 내 브랜드의 균형 있는 관리를 위해서이기 때문이다.

반면 커리어자산에 지나치게 치우칠 경우 그 채널은 스팸광고 계정이 될 수도 있다. 특히 커리어자산을 소개할 때 광고성 문구만을 넣어 홍보하는 사람들이 많은데, 그럴 경우 사람들은 쉽게 질려 버린다. 소통을 목적으로 만난 사람들은 자신을 고객으로만 보는 듯한 홍보 문구에 마음의 문을 닫아 버린다. 그래서 커리어자산을 소개할 때에는 반드시 개인의 생각과 느낌을 함께 넣어 주어야 한다. 예를 들어 어떤 제품이나 서비스를 홍보하더라도 그걸 준비하면서 느낀 감정과 과정을 함께 담는 것이다.

커리어자산을 효과적으로 소개하는 방법 중 하나는 콘텐츠에 사람을 함께 담는 것이다. 단순히 포스터나 배너, 광고 이미지만 넣어 홍보하는 것보다 사람이 함께 출연하면 거부감이 줄어든다. 예를 들어 강의 모객을 할 때 그 과정에 참석했던 사람들의 즐거운 표정 등을 함께 보여준다면 사람들은 내가 저기 참여해도 저런 감정을 느낄 수 있을 거란 기대감을 가지게 된다. 이미 시작 전부터 긍정적인 느낌을 가지고 참여하게 되는 것이다.

마지막으로 인맥자산에 너무 많이 치우치게 되면 콘텐츠의 전문성보다 인맥을 이용해 영향력을 늘리고 있다고 오해받을 수 있다. 또 일하는 사람보다는 노는 사람으로 보이기 쉽다. 그리고 한정된 몇몇 그룹에서 지나치게 활동이 많은 경우 오히려 그 그룹이 내 영향력을 넓히는데 치명적인 마이너스 역할을 하기도 한다. 이미 어떤 그룹에 단단히 속해 활발하게 활동하는 모습을 보이면 더 이상 확장이 안 될 것 같은 인상을 주기 때문에 사람들은 미리 다가가길 포기하게 된다.

이러한 다양한 이유로 균형 있는 콘텐츠 자산의 관리가 필요하다. 감정자산, 커리어자산, 인맥자산에 일정한 비율을 정해 두고 관리해 보자. 균형 있는 자산관리는 내 영향력을 안정적으로 유지할 수 있게끔 도움을 줄 것이다.

주 채널과 서포트 채널을 구분하라

과거의 SNS를 돌이켜 보면 그때그때 대세인 채널이 항상 존재했다. 블로그부터 시작해 페이스북과 인스타그램, 그리고 지금은 유튜브와 틱톡이 대세이다. 싸이월드처럼 엄청난 인기를 누리다 사라진 채널도 있다. 하지만 SNS 트렌드가 변한다고 해서 무조건 그 변화에 따라가는 것이 꼭 좋은 것만은 아니다. 한 채널에서 영향력을 갖는 것도 결코 쉬운 일이 아닌데, 새로운 게 나왔다고 무작정 달려가다 보면 기존에 일궈놓은 영향력의 우물은 말라버리고 만다. 앞으로도 트렌드는 계속 변화할 것이다. 무조건 새로운 플랫폼을 쫓아가기보다는 각자에게 맞는 채널, 잘할 수 있는 채널을 정해 집중해야 한다.

주 채널과 서포트 채널을 정해 보자

　주 채널을 정할 때는 콘텐츠 생산이 활발하고, 나의 주력 고객이 많이 모여 있는 곳에서 시작하는 것이 좋다. 그래야 더 많은 고객을 만날 수 있기 때문이다. 하지만 그보다 더 중요한 것은 지속할 수 있는 채널을 선택하는 것이다. 그래서 나는 자신과 가장 잘 맞는 채널을 선택하라고 권하고 싶다.

　스토리텔링과 기획된 글을 잘 쓰는 사람에게는 블로그나 브런치를 추천한다. 사진 실력과 디자인 감각이 있는 사람에겐 인스타그램을, 소통 능력이 강하고 짧은 글이 더 쉬운 사람들은 페이스북을, 목소리가 좋은 사람에겐 오디오클립과 팟캐스트를 추천한다. 외모가 개성 있거나 스피치에 자신 있는 사람에겐 유튜브, 끼가 많은 사람에겐 틱톡을 추천한다.

　물론 이러한 구분은 SNS의 성격에 따라 대략적으로 정리해 본 것이지만, 대부분 본인에게 맞는 채널은 스스로가 더 잘 알 것이다. 계정을 운영하면서 재미있고, 투자시간 대비 효율이 더 빨리 나오는 채널, SNS 친구들의 좋아요와 댓글, 공유가 높은 채널, SNS를 통해 일로 연결되는 비즈니스적 성과가 잘 나오는 채널 등으로 나에게 맞는 채널을 구분할 수 있다. 하나의 채널에서 영향력을 확실히 펼치면 그 채널에서 확실한 팬덤이 생기고 푸시 Push를 받을 수 있는 기회가 생긴다. 그렇다면 그중에서 1등 채널을 찾아 그 채널을 주 채널로 지정하면 된다. 나머지 채널은 그곳으로 연결하기 위한 서포트 채널이다.

대학 연영과 후배 중에 K-Beauty를 알리는 영향력 있는 뷰티 크리에이터로 성장한 '콩슈니'라는 인플루언서가 있다. 이 친구는 대학시절 용돈을 벌기 위해 시작한 화장품 알바를 계기로 5년 넘게 화장품 관련 업에 종사하며 얻어진 전문성과 관심사를 토대로 자신이 직접 사용해 본 화장품 리뷰를 꾸준히 블로그에 써왔다. 그리고 네이버에서 주최한 뷰스타 선발대회에서 수상하며 뷰티 크리에이터로 더욱 이름을 알리게 되었다. 콩슈니는 SNS가 계속 변하고 있음에도 뚝심 있게 블로그에 올인했고, 블로그 뷰티 코너 메인에 주기적으로 글이 노출되었다. 이로 인해 뷰티 방송 전문 패널로 활동하며, 네이버 플랫폼에서 진행하는 V LIVE부터 네이버 쇼핑라이브까지 진출하게 되었다. 현재 뷰티 제품의 라이브 커머스 전문 방송인으로 활발한 활동을 이어가며 한국을 넘어 글로벌까지 영향력을 넓혀가고 있다. 물론 콩슈니도 다른 채널을 운영하지 않았던 것은 아니다. 주 채널과 서포트 채널에 대한 집중도를 달리 했던 것이다. 이처럼 하나의 채널에서 자신의 영향력을 제대로 검증받으면 다음 채널을 성장시키는 것도 쉬워진다. 하지만 이것저것 기웃거리다 보면 어떤 것도 잡을 수 없게 된다.

오디오클립 〈조연심의 당신브랜드연구소〉라는 채널을 진행하는 퍼스널브랜딩그룹 MU의 조연심 대표는 매주 수요일마다 연재하겠다는 청취자와의 약속을 한 번도 빠짐없이 지켜가며 150회 넘게 방송을 이어갔다. 네이버에서 무료로 제공하는 파트너스퀘어 녹음실을 오랜 기간 매주 정해진 시간에 이용하다 보니 네이버 관계자들이 자연스럽게 방송에 관심을 가지게 되었고, 이로 인해 성공적인 오디오클립 운영자의 사례로 네이버와 단독 인터뷰를 하며 채널을 홍보할 수 있는 좋은 기회를 얻을 수 있었다.

조연심 대표는 남들과는 다른 주 채널을 선택해, 그 안에서 꾸준하게 경쟁력을 갖춘 덕분에 한 단계 더 큰 성장으로 나아갈 수 있었다.

　　최근 네이버에 '인플루언서 검색'이라는 메뉴가 생겼다. 분야별 전문 창작자들이 네이버 검색 결과에 직접 참여하여 만들어가는 새로운 네이버 검색 제도인데, 영향력 있는 인플루언서를 네이버에 머물도록 그들을 위한 혜택과 이유를 만들어 이탈을 막기 위한 방안 중 하나라고 할 수 있다.

　　인플루언서 검색 홈에서는 인플루언서가 운영하는 네이버 서비스뿐만 아니라 유튜브, 인스타그램 등 타 채널에 대한 정보 또한 함께 확인할 수 있다. 인플루언서 검색 승인 후에는 인플루언서에게 광고비가 높은 프리미엄 광고가 붙어 애드포스트(네이버 광고) 수익에 좋은 영향을 주는 등 기업의 광고비를 쉐어하는 방식을 이어나간다고 한다.

[출처 : 박제인 인플루언서 홈, 블로그]

나 역시 책 분야의 인플루언서(도서 전문창작자)로 선정되었다. 꾸준히 책과 관련된 활동을 이어오고 전략적으로 책과 관련된 콘텐츠를 블로그의 프롤로그와 유튜브 카테고리 구성, 책 표지와 함께 찍은 인스타그램 피드 사진 등을 통해 그 분야에 영향력이 있음을 가시적으로 표현했기 때문이다.

모든 SNS 채널은 인플루언서를 자기 플랫폼에 오래도록 머무르게 하는 방법을 끊임없이 연구한다. 인플루언서의 영향력이 채널의 생존을 결정하기 때문이다. 여러분이 활동하고 있는 주 채널도 이러한 발전을 끊임없이 도모하고 있을 것이다. 그러니 그 채널 안에서 경쟁력을 갖기 위해 꾸준하게 콘텐츠 제작뿐만 아니라, 다양한 이벤트와 오프라인 행사 참여 등을 통해 온오프라인을 넘나들며 영향력을 펼쳐 가기 바란다.

주 채널을 돕는 서포트 채널 활용법

내게 맞는 주 채널과 서포트 채널을 정했다면, 다음은 주 채널에서 생산한 콘텐츠를 서포트 채널의 성향에 맞게 재가공하여 유통(OSMU One Source Multi Use)시키는 것이 중요하다. 이때 콘텐츠를 효율적으로 확산시키는 것이 중요한데, 주 채널이 어떤 것이 되느냐에 따라 콘텐츠의 확산방법과 흐름이 달라지게 된다.

예를 들어 나의 주 채널이 유튜브이고, 채널 활성화와 구독자 확산을 목표로 하고 있다면 각각의 서포트 채널을 어떻게 활용해야 할지 알아보자. 우선 네이버 블로그에 동영상을 업로드할 때 유튜브 링크를 끌어와 유튜브 플레이어 자체를 삽입하는 형태로 포스팅해야 한다. 인스타그램에는 유튜브 영상 중 하이라이트 영상 부분을 궁금증을 유발하는 티저 형태로 짧게 편집해 60초 이내로 올려주고, 썸네일을 주목도 높은 이미지로 선택한 뒤 '풀 버전은? 프로필 링크 클릭!' 등의 안내메시지를 통해 유튜브 채널로의 유입을 유도해야 한다. 마찬가지로 페이스북에서도 직접 업로드된 동영상이 훨씬 도달률이 높겠지만, 조회 수가 조금 떨어지더라도 감수하고 직접 업로드 형태가 아닌 유튜브 링크를 삽입하거나, 인스타그램에 올린 영상처럼 기대감을 조성하는 티저 형태로 영상을 올리고 유튜브 채널 구독 링크를 본문 또는 첫 댓글에 안내해 최종 목적지인 유튜브 채널로 유입하게 만드는 것이 필요하다.

이렇게 주 채널을 먼저 정하고, 그 채널을 성장시키는 방법을 찾아 그 채널 안에서 푸시받을 수 있는 조건을 갖춰 영향력을 넓혀 가야 한다. 그렇게 모인 팬덤과의 관계가 끈끈해지면 그 팬덤은 당신을 쫓아 당신이 원하는 활동무대에 언제든 흔쾌히 따라올 것이다.

　여기저기 우물을 파지 말자. 우선 한 우물을 깊게 파서 물꼬가 확실히 트이면 그때 옆에 있는 구멍도 하나하나 파보는 T자형 전략이 필요하다. 모든 채널에서 1등을 기대하지 말고 하나의 주 채널을 키우는 데 열정을 다하고, 우리가 설계한 흐름대로 영향력이 흘러가도록 만들어 보자.

나만의 매뉴얼을 만들어라

다양한 SNS 채널을 관리하다 보면 생각보다 시간이 많이 걸리기 때문에 나만의 관리 매뉴얼을 만들어 쉽고 빠르게 콘텐츠를 생산하는 방법을 찾는 것이 중요하다. 나는 보통 주 채널인 블로그를 중심으로 콘텐츠를 생산해 내고, 나머지 서포트 채널들에는 글의 내용을 핵심만 요약해 복사하고 붙여 넣어 바이럴한다.

예를 들어 블로그에 콘텐츠를 생산하면 외부 링크, 공유 버튼을 활용해 카카오스토리, 페이스북, 인스타그램, 카페, 밴드, 트위터 등에 간단한 코멘트와 함께 게시물을 작성하여 블로그로의 유입을 돕는다.

또한 modoo 홈페이지에는 SNS 콘텐츠가 자동 등록되도록 연결해 두어 내가 올린 블로그, 인스타그램, 페이스북 페이지의 게시물이 내 modoo 홈페이지에 항상 업데이트되도록 시스템을 만들어 두었다.

> 블로그 포스팅 → 블로그 URL 복사 → 페이스북에 요약 글 작성 및 블로그 URL 붙여넣기 → 페이스북 작성 글 전체 복사 후 인스타그램에 붙여넣고 해시태그 추가하기 → 인스타그램 작성 글 전체 복사 후 카카오스토리에 붙여넣기

나는 이렇게 단 5분 정도의 아주 짧은 시간 동안 내가 관리하는 모든 채널에 아주 발 빠르게 바이럴하는 나만의 로직을 만들어 일의 효율을 높일 수 있었다.

블로그에 글을 쓰면 즉시 페이스북, 인스타그램, 카카오스토리로 공유한다

프로젝트별 관리 매뉴얼을 만들어라

그 외에도 나는 내가 운영하는 주요 프로젝트별 관리 매뉴얼도 만들어 두었다. 1인 기업으로 다양한 일을 하다 보니, 매뉴얼 없이 일을 하다 보면 반드시 놓치는 부분이 있게 마련이다. 그래서 순서에 맞게 일을 하는 습관을 가지다 보면 실수가 줄어들고 반복적인 패턴으로 일을 진행하다 보니 일의 속도도 빨라졌다. 또 누군가에게 일을 위임할 때나 파트너와 협업할 때도 일의 전달이 쉬워졌다.

오디오클립도 프로세스를 만들어 인터뷰이와 담당자에게 공유한다!

당신도 지금 당장 책상에 앉아 운영하고 있는 모든 채널을 적어보고, 콘텐츠 작성 플로우와 프로젝트별 매뉴얼을 가장 효율적이고 빠르게 바이럴할 수 있는 방법을 정리해 보자. 짧은 시간과 노력을 통해 더 큰 효과를 볼 수 있는 방법을 끊임없이 찾아야 한다. 열심히 하는 것도 중요하지만 똑똑하게 효율을 높이는 것이 더 중요하다. 우리에게 주어진 에너지는 한정적이기 때문이다.

놓치기 쉬운 업무는 체크리스트로 관리하세요.

예) 체크리스트 (녹음실 대관 당일용)

☐ 녹음 전날 방문예약 컨펌 문자 발송

☐ 차량 이용 여부 체크 및 주차 안내

☐ USB, SD카드, 외장하드 소지 여부 체크(미 지참시 이메일 주소 문의)

☐ 녹음실 내 슬리퍼 사용 안내

☐ 녹음 프로그램 및 마이크 사용법 안내

☐ 파일 전송 컨펌 및 백업데이터 보관 기일 안내

☐ 10회 이상 이용시 혜택 안내 및 감사인사

공지 채널을 확보하라

인플루언서들은 자신의 영향력을 펼치기 위해 다양한 활동들을 한다. 라이브 방송을 한다든지, 상품을 판매한다든지, 커뮤니티 모임을 만든다든지, 강의를 개설한다든지 말이다. 이럴 때 내가 공지해야 하는 것들을 팬들에게 제대로 전달하기 위해서는 각각의 채널별로 공지 기능과 영역을 확실히 알아두어야 한다.

SNS 채널별 공지 방법

우선 블로그에서는 최대 5개까지 '공지글' 설정이 가능하고, 모바일 홈에서는 '대표글'을 우선순위로 설정해 공지하고자 하는 글

의 썸네일과 제목을 우선 노출되게 보여줄 수 있다.

인스타그램과 페이스북에서는 스토리와 하이라이트라는 기능이 존재하는데, 스토리는 내 게시물을 24시간 동안 홈 영역 상단에 프로필 사진이 들어간 동그란 배너 형태로 노출할 수 있는 기능이고, 하이라이트 기능은 스토리에 올라갔던 게시물 중 삭제되기보다 유지하기 원하는 중요한 내용을 내 프로필 홈에 배너로 만들어 꾸준히 알릴 수 있는 기능이다.

카페를 활용하는 분들은 게시판 공지, 카페 전체공지 기능과 단체 쪽지 보내기, 단체 메일 보내기 등을 활용해 카페 멤버들에게 정보를 전달할 수 있다. 네이버 밴드를 활용하는 분들은 단체 회원에게 공지를 위한 채팅방을 개설해 정보를 보내거나 공지 게시물을 상단에 업로드하여 정보를 노출할 수 있다.

인스타그램과 페이스북에서는 스토리와 하이라이트라는 기능을 활용해 최신 소식을 전할 수 있다.

카카오를 활용하는 분들은 카카오톡 단톡방과 오픈채팅방의 톡 게시판 글 작성 및 게시글 전체 공지를 이용하거나 채널관리 자센터를 활용해 유료 메시지 보내기 기능으로 팬들에게 단체 메시지를 보내기도 한다. 이밖에 이메일 웹진 발송을 통해 주요 공지를 전달하거나 단체 문자, 단체 메일과 같은 DM을 발송해 직접적인 접촉을 하기도 한다.

이런 각각의 방법 중 어떤 것이 가장 좋다고 말할 수는 없다. 하지만 내가 활동하는 주 채널과 서포트 채널의 공지 기능을 적극적으로 활용해 중요한 알림사항을 팬들이 잘 알 수 있도록 공지방식을 정하여 그 방식을 꾸준하게 지속하는 것이 중요하다.

커뮤니티를 통해 대화의 장을 열어 줘라

영향력을 잘 유지하는 방법 중 하나는 온라인 커뮤니티를 통해 팬덤을 더욱 돈독하게 만드는 것이다. 예를 들어 동일한 관심사와 동일한 팬심을 가진 사람들이 한자리에 모일 수 있도록 단톡방이나 카페 등 커뮤니티 채널을 열어 주는 것이다.

마인드맵을 강의하고 있는 오소희 강사는 자신의 강의를 들은 수강생들을 '매일 마인드맵'이라는 단톡방에 모아 직접 그린 마인드맵 인증을 통해 배운 것을 바로 실천하여 자신의 콘텐츠가 더 오래 기억되도록 하는 등 동기부여를 해주는 역할을 하고 있다. 단톡방에는 800명이 넘는 사람들이 활동하고 있는데, 단톡방을 통해 마인드맵 온라인 과정을 모집하면 100명이 넘는 인원이 순식간에 모집되기도 한다.

　책을 좋아하는 사람들이 모여 있는 '성장판 독서모임'이라는 단톡방도 있다. 이곳에서 사람들은 자유롭게 자신의 책 리뷰를 공유하고, 무료 서평단 모집에도 참여하고, 책과 관련된 영상도 공유하는 등 독서와 관련된 공통의 관심사를 나누고 있다. 또 '성장판 독서모임'에서는 온오프라인을 통해 다양한 저자 강연회와 북토크쇼도 열고 있는데, 모집하는 모임마다 만석을 기록하고 있다. 이 모임의 운영자는 베스트셀러《메모 독서법》의 신정철 저자로, 직장에 다니며 자기계발 분야에서 개인의 커리어와 영향력

을 잘 성장시키고 있는 인플루언서이다. 신정철 저자의 책은 나오자마자 관련 분야 최상위권을 기록하는데, 기존에 모여 있던 팬덤이 그대로 독자로 연결되기 때문이다.

오소희 강사나 신정철 저자는 자신이 개설한 단톡방이지만 자신이 주인이 아니고, 참여하는 모두가 주인이 될 수 있도록 마음껏 자신을 뽐내고 소개할 수 있는 기회를 주고 있다. 그 덕분에 단톡방이 자신의 주력 콘텐츠를 소비할 수 있는 가망고객이자 핵심타깃이 한곳에 모여 있는 최고의 마케팅 채널이 될 수 있었다.

회원 수 10만이 넘는 '초등맘'이라는 네이버 카페를 운영하는 도준형 대표는 커뮤니티의 활성화를 위해 매달 1일 중고거래, 공동구매를 하는 온라인 장터를 열곤 한다. 이를 통해 카페 멤버끼리 서로 신뢰를 쌓아가고 소통할 수 있는 접점이 자연스럽게 만들어져 이날은 게시판이 더 북적인다. 이 카페는 특히 엄마들의 고민과 고충을 들어주고 서로 응원하고 피드백을 해주는 라이브 방송과 커뮤니티 기능 때문에 더 많은 엄마들에게 사랑을 받고 있다.

이처럼 당신의 영향력을 제대로 유지하는 방법으로 소통의 장인 온라인 커뮤니티를 구축하면 좋다. 이때 중요한 점은 당신이 없을 때에도 그 안에서 건강한 대화가 오갈 수 있는 분위기를 만들어야 한다는 것이다. 팬들에게 아무 대가 없이 자신을 알리고 소개할 수 있도록 자율성을 주면 주인정신은 자연스럽게 생긴다.

커뮤니티 채널 운영시 주의할 점

커뮤니티 채널을 운영할 때는 내가 체크하지 못하는 상황에서도 커뮤니티를 긍정적인 방향으로 잘 관리해 줄 수 있는 운영진이 반드시 필요하다. 부정적인 이슈는 초반에 컨트롤하지 못하면 그 크기가 엄청나게 커지게 마련이다.

또 커뮤니티 채널에서 운영자의 대화 빈도도 매우 중요하다. 나 혼자 너무 많은 말을 하게 되면 광고를 위한 채널로 인식되기 쉽다. '나도 여기서 당신들의 이야기를 잘 보고 듣고 있다'는 것을 인지시킬 수 있는 정도만 보여주고 의견을 정리해 주는 등 일관되고 적당히 무게감 있는 행동으로 팬과의 일정 거리감과 카리스마를 지녀야 한다. 그리고 특정 몇몇 사람에게 대화의 비중이 편중되는 것도 주의해야 한다. 팬들이 원하는 건 활동하는 만큼 동등한 가치를 인정받는 것이다. 누군가를 편애한다는 느낌은 커뮤니티에서 독이 된다.

사실 커뮤니티의 장을 만든다는 것은 쉬운 일은 아니다. 하지만 제대로 운영한다면 이보다 더 훌륭한 채널도 없다. 그러니 차근차근 꾸준히 힘껏 도전해 보자.

TIP 사람북닷컴의 다양한 공지채널

사람북 커뮤니티방(입장 비밀번호 2013)
https://open.kakao.com/o/g8K7WmLc

사람북닷컴에서 진행하는 1일 1포 블로그 챌린지, 자기계발 특강, 모임, 북콘서트, 팟캐스트 방송 공지, 사람북 패밀리 회원만을 위한 이벤트, 다양한 SNS 기자단, 리뷰단 지원 공고 등을 확인할 수 있다.

사람북 카페
http://cafe.naver.com/kindseinc

사람북닷컴에서 진행되는 모든 행사 및 강의의 히스토리가 기록되는 곳이다. 공지, 후기, 스터디 미션 기록 등을 확인할 수 있다. 또한 이 책에서 소개하는 다양한 플랫폼 활용을 돕는 상세한 콘텐츠 및 영상도 만나볼 수 있다.

안티를 관리하라

영향력을 얻게 되면 자연스레 생겨나는 것이 안티 팬이다. 내가 바르게 살고 잘못한 게 없다 한들, 그것은 내 기준일 뿐이다. 우리는 살아가면서 알게 모르게 사람들에게 영향을 주고 상처를 주게 된다.

잘못에 대한 대응을 미루지 마라

문제가 생겼을 때 가장 좋은 방법은 정면대응이다. 특히 SNS 세상에서는 더더욱 그렇다. 실제로 내가 잘못한 경우라면 더 재빨리 수습해야 한다. 되도록 정면에 나서서 빠르게 잘못을 인정하고 사과해야 한다. 내 잘못에 상상력이 더해져 눈덩이처럼 불어나기 전에 말이다.

SNS에서 활발하게 활동하던 한 분은 치명적인 말실수로 여성 커뮤니티에서 도마에 올라 7~8년 넘게 운영해 오던 모든 소셜 커리어를 흔적도 없이 지우고 사라졌다. '시간이 지나면 해결되겠지'라는 안일한 생각으로 사건에 대해 직접 대응하지 않고 뒤에 숨어 대응했던 것이 화근이었다. 만약 그때 조금만 더 현명하게 잘못에 대한 인정과 빠른 사과를 했더라면 그 논란은 빨리 사그라졌을지 모른다.

내가 잘못하지 않은, 즉 내가 피해자인 경우에도 반드시 대응해야 한다. 상대편과 시비가 붙었을 때 나는 가만히 있고 상대가 상황을 자신에게 유리하게 몰아갈 경우 대응하지 않은 쪽이 잘못한 쪽이라고 생각하거나 상대방의 말이 사실이라고 믿어버릴지 모르니 말이다. 사람들은 내가 기대하고 있던 이미지나 겉으로 알고 있던 사실과 전혀 다른 흥미로운 뒷담화를 재미있어 한다. 그리고 사실이 아닌 그 소문이 사실인 양 날개를 달고 돌아다니는 일도 매우 흔한 세상이다.

알다시피 SNS에서는 평판관리가 무엇보다 중요하다. 그리고 온라인에서 보여지는 평판은 오프라인에도 영향을 준다. 유명 스타트업 대표들의 인성 논란으로 인해 회사의 이미지가 한순간에 엄청난 타격을 받기도 하고, 크리에이터가 엄청 공들여 키워 온 유튜브 채널이 한때의 과오로 한순간에 날아가기도 한다.

최재붕 교수는 《포노 사피엔스》에서 새 시대에 필요한 인재상은 '배려할 줄 알고, 세심하고, 무례하지 않으며, 친절하고, 합리적이고, 과학적이며, 또 능력 있는 훌륭한 사람'이라고 했다. 기술이 아무리 발달해도 여전히 '사람'이 중요하고, 그 사람의 '인성'과 '됨됨이'가 중요하다는 것이다. 이는 꼭 새 시대만이 아니라 SNS에서도 적용되는 말이다. '털어서 먼지 안 나는 사람 없다'고 하지만 그 먼지를 잘 털어내는 사람이 깔끔한 옷을 입고 남 앞에 설 수 있다.

안티 팬에 효율적으로 대처하는 법

나 역시 그동안 크고 작은 안티 팬들을 만났고, 지금도 만나고 있다. 안티는 일종의 관심의 표현이다. 관심 받고 싶은 것을 좀 꼬아 표현하는 분들이다. 예를 들면 초등학교 때 좋아하는 친구의 치마를 들어 올리며 아이스케키를 하는 것과 같은 부류이다. 그래서 초기에는 대응하지 않고 잠시 지켜보는 것이 좋다. 대부분은 호기롭게 다가왔지만 대응 없음에 재미를 느끼지 못하고 스스로 물러난다.

그런데 이 상황이 한 번에 끝나지 않고 지속되면 그때는 반드시 대응해야 한다. 특히 심기를 거슬리게 만드는 말로 자극하며 다가올 때 무시하거나 글을 삭제해 버렸다간 더 집요해질 수 있다. 선한 영향력을 펼치고 싶다고 착한 이미지만을 고수해서는 안 된다. 아닌 건 아니고, 틀린 건 틀렸다고 정확하게 말해줘야 상대가 잘못한 것을 알 수 있고 나를 변호할 수 있다.

가장 어려운 안티는 무엇이 나쁜지 싫은지도 말하지 않고 숨어서 기회만 노리고 있다가 모든 오해, 불만, 분노를 최고조로 끌어올려 어느 날 갑자기 터져 나오는 사람들이다.

물론 건강한 안티도 있다. 내 콘텐츠나 서비스에 대해 직접 체험해 본 사람 중 불편을 느끼거나 마음에 들지 않았던 부분을 솔직히 어필하는 경우이다. 이들은 우리에게 정말 필요한 존재이다. 이들이 감사히 자신의 속내를 드러내 줬기에 우리가 부족했던 부분을 발견하고 더 개선해, 그들에게 더 필요한 것을 만들 수 있게 돕기 때문이다.

나의 첫 책《블로그 투잡 됩니다》는 인터넷에 800여 건의 자발적 독자 리뷰가 있다. 좋은 서평도 있지만 개중에는 책의 수준이 예측한 것보다 너무 쉬워서 실망했다는 의견도 있었다. 나는 그런 분들의 블로그에 직접 찾아가 공개적으로 댓글을 남긴다.

'안녕하세요. 《블로그 투잡 됩니다》 저자 박세인입니다. 서평

잘 읽어 보았습니다. 저에게도 첫 책인지라 부족함이 많았습니다. 다음번에는 더 좋은 책으로 찾아뵙겠습니다. 책 읽어주시고 솔직한 리뷰 남겨주셔서 정말 감사합니다.'

이런 경우 대부분 내 방문과 댓글에 깜짝 놀라며 거칠게 쓴 말을 일부 부드럽게 수정하거나 삭제해 주고, 책에서 다른 부분은 너무 좋았다며 자신의 말에 상처받지 말라며 오히려 위로를 건네주었다. 나를 일부러 공격하려는 의도를 가지고 있거나, 내 책이 안 되길 바라는 나쁜 마음을 가지고 쓴 리뷰가 아니란 말이다. 이렇게 소통을 주고받고 나면 그들과는 안티가 아닌 좋은 팬으로 발전하게 된다.

물론 모든 글에 대응할 수는 없다. 내 영향력이 커지면 커질수록 더 많은 이슈가 생길 테니 말이다. 하지만 상위에 노출되어 있는 최신글, 남들이 잘 볼 수 있는 대표적인 영역에 올라간 리뷰와 댓글, 내 이름, 회사명, 브랜드명, 프로젝트명 등이 언급된 곳은 반드시 확인해야 한다. 콘텐츠를 생산해 내는 것만이 중요한 게 아니라 SNS에서 내 평판을 좌지우지하는 리스크 요소를 찾아내 잘 관리하는 것 또한 우리의 영향력을 유지하는데 중요한 요소라는 것을 기억해야 한다.

나만의 멘탈 회복 프로그램을 찾아라

"하루라도 SNS에 안 들어가면 마음이 불안하다. 잘 썼다고 생각했던 글에 아무도 댓글을 달지 않으면 조급해진다. 잠시 떠나고 싶고 아무것도 안하고 쉬고 싶은데 그 사이 사람들에게 잊힐까 두렵다."

평소 잘 알고 지내던 인플루언서 친구가 사고로 허리를 다쳐 몇 달간 누워만 지내고 있었다. 병문안 차 집에 놀러 갔을 때 그 친구의 침대에 이상한 시간표 같은 것이 있어 이게 뭔지 물었다. 그 친구는 자기가 누워 있는 동안 사람들에게 잊힐까 두려워 악착같이 누워서 할 수 있는 일을 하고 있다고 했다. 거기 붙어 있던 포스트잇에는 이웃 100명 신청하기, 블로그 글쓰기, 인스타그램 글쓰기 등 그 친구가 활동하는 SNS를 활성화시키는 실행방법들이 빼곡히 적혀 있었다. 어떤 건 왼쪽에 붙어있고 어떤 건 오른쪽에 붙어 있었는데, 실행한 건 오른쪽으로 옮겨둔다고 했다. 또 누워서 포스팅하기 위해 침상용 노트북 스탠드도 사고, 눈을 보호하기 위해 청광차단렌즈 안경까지 준비했다고 했다. 심지어 요즘은 누워 있는 사진밖에 없어 과거 사진을 올리고 있는데 반응이 좋다며 살포시 웃었다.

잊히는 게 두렵고 불안할 수 있다. 지금까지 쌓아온 것들이 물거품이 될까 무섭기도 할 것이다. 하지만 '당신이 잠시 쉬어도 아무 일도 일어나지 않는다'는 사실을 항상 기억해야 한다. 그 무엇보다 가장 중요한 건 나 자신이다. 내가 나를 지키는 일이 첫 번째이고, 그다음이 나의 영향력을 지키는 것이다.

나는 심신이 지칠 때면 방 안의 모든 불을 끄고 스마트폰도 끄고, 심지어 똑딱이는 시계 배터리까지 다 빼두고 발끝부터 머리까지 이불을 덮어 동굴 속에 들어온 것처럼 가만히 누워 시체놀이를 한다. 나는 눈과 청력이 예민해 빛과 소리의 영향이 없는 고요하고 어두운 곳에서 잠시 회복을 취하는 것이 에너지를 충전하는데 가장 빠른 회복을 가져다주기 때문이다.

이처럼 지치고 힘들 때에는 본인에게 꼭 맞는 회복 프로그램을 찾아야 한다. 몸이 회복되면 마음도 건강해진다. 멘탈이 흔들릴 때에는 반대로 몸부터 돌아보자.

건강한 에너지를 유지하자

요즘 나는 "전과 달라 보여요. 이제 진짜 제인 씨 같아요."라는 말을 자주 듣는다. 나는 그 이유를 정확히 알고 있다. 나는 내 일에 관해서는 정말 자신감이 넘치는 사람이다. 내가 원하는 일을 내 의지대로 하고 있고 정말 즐기고 있기 때문이다. 하지만 지난 4년간을 되돌아봤을 때 난 일할 때만 웃고 있고 집에 돌아오면 늘 찡그린 모습으로 살아가는 사람이었다. 가장 가까워야 할 사람과 가장 멀리 지냈고, 누구보다 사람을 좋아하는 내가 가장 가까운 사람을 미친 듯이 미워했다. 결국 난 수많은 고민 끝에 더는 누군가를 미워하지 않기로 결심하고 헤어짐을 택했다.

내 삶에서 고민 한 덩이를 내려놓고 나니 웃음이 돌아왔고, 다시 자존감을 되찾았고, 그제서야 내 말과 삶이 정확히 일치하는 사람이 되어 내 스스로의 삶에 비로소 만족하게 되었다. 그런데 기가 막히게 주위의 많은 사람들이 내 속사정은 몰라도 내 에너지의 변화에 대해서는 동일하게 느끼고 있다는 걸 여러 차례 확인하게 되면서 나는 에너지가 주는 힘에 대해 확신하게 되었다. 그리고 돌아보니 나 역시도 에너지가 나쁜 사람은 나도 모르게 멀리하고 있다는 것을 알게 되었다.

유독 요즘 일이 잘 안 된다면, 사람들의 연락이 줄어들었다면 반드시 내 에너지 상태에 대해 점검해 보자. 그리고 현재 내가 가장 많은 시간을 할애하는 곳에 어떤 사람들이 어떤 에너지를 지니고 있는지 한 발자국 벗어나 객관적으로 바라보자. 그리고 그곳에 마이너스 에너지가 감지된다면 과감히 벗어나 플러스 에너지가 있는 곳으로 고개를 돌리자.

건강한 에너지는 당신의 영향력을 유지시키고 당신의 일이 더 잘되게 해주는 힘의 원천이 되어 줄 것이다.

몸이 주는 신호를 기억하자

나는 둥글둥글하게 생긴 강아지 상에 통통한 보통체격으로 겉보기엔 무뎌 보이는 스타일이지만, 실제로는 아주 예민한 사람이다. 그래서 몸이 주는 신호도 남들보다 훨씬 예민하게 느끼는 편이다.

나는 특히 위와 장이 좋지 않은 편인데, 정신적으로 스트레스를 받거나 몸이 심하게 피곤한 경우에는 단계적으로 몸이 신호를 보낸다. 처음엔 소화가 잘 안 되며 붓기 시작하고, 다음은 배에 가스가 차올라 산처럼 부풀어 오르기도 하고, 조금 더 심하면 목 뒤와 입 주변에 뽀루지가 올라오기도 한다. 그러다 더 방치하면 배에 심한 통증이 유발되며 응급실 행을 면치 못한다.

이렇게 단계별로 증상이 순차적으로 진행된다는 것을 여러 번 경험해 봤기에 나는 더 심해지기 전에 내 몸이 주는 신호를 알아채고 최대한 몸이 다시 정상화될 수 있도록 단계별 미션을 행한다. 예를 들면 따뜻한 차 마시기, 소화에 좋은 카베진 먹기, 허리를 구부린 자세 하지 않기, 자기 전 배 마사지하기와 같은 것들이다. 간혹 가다 컨디션 조절에 실패해 갑작스레 너무 심하게 붓기도 하고 그게 온전히 살로 가기도 하는데, 한 번 그렇게 선을 넘게 되면 다시 예전처럼 돌아가기 위해 몇십 배의 고생을 더 해야 한다.

우리는 항상 몸이 주는 신호에 민감해져야 한다. 몸과의 대화를 통해 우리 건강과 에너지의 평균을 유지하자. 그것이 우리의 영향력을 안정적으로 유지할 수 있는 가장 중요한 필수요소이다.

PART

4

영향력을
돈으로
만드는
방법

꿈의 세계에서 사는 사람들이 있다.
현실을 직시하는 사람들이 있다.
그리고 꿈을 현실로 바꾸는 사람들이 있다.

◆

더글러스 에브렛

함께 할 수 있는 조력자를 만나자

이제는 협업이 중요해진 시대다. 개인의 힘을 키워 각자의 영역에서 프로가 되면 또 다른 영역의 프로를 만나 판을 더 키울 수 있다. 이때 각자가 키워온 영향력의 영역이 만나면서 서로의 팬덤을 흡수하게 된다. 그래서 목적이 맞는 사람들과 협업이 이어져야 한다. 서로의 목표타깃이 비슷하고, 서로의 콘텐츠를 좋아할 수 있는 성격의 채널이면 더욱 좋다.

협업을 하기 전에 충분히 조율하라

다른 채널과 협업하기 전에는 미리 검토해야 할 것들이 있다.

그 채널의 팬덤 성향과 운영자의 인성, 채널의 평판을 먼저 알아봐야 한다. 그리고 가능하다면 그 채널과 함께해 본 경험이 있는 분들에게 협업에 대한 의견을 조심스레 묻는 것도 좋은 방법이 된다.

이런 과정을 거치는 이유는 온라인 세상 속에 남겨진 기록은 쉽게 지울 수 없기 때문이다. 협업을 통해 올린 콘텐츠에 문제가 생겼을 때 내가 올린 게시글만 삭제한다고 문제가 해결되는 것이 아니라 협업자의 계정에 남아 있거나 원하지 않게 공유될 수 있다. 그래서 협업할 사람이나 회사, 커뮤니티의 평판에 대해서는 더욱 신중하게 객관적으로 충분히 확인해야 한다.

한 번은 자기계발을 목적으로 모인 그룹채팅방에서 주최하는 무료 강의를 온라인으로 진행한 적이 있었다. 강의가 끝난 뒤 수강생을 대상으로 후기 이벤트를 진행했는데, 후기를 살펴보다 보니 내 강의안을 100% 캡처하고 강의내용 또한 거의 녹취하듯 정리해 올려놓은 분이 있었다. 저작권이 있는 강의자료가 협의되지 않은 상태에서 무단으로 노출되어 버린 것이다. 게다가 주최 측으로부터 내 강의 영상을 녹화해 재판매한다는 내용을 사전협의도 없이 강의가 끝난 뒤 전달받았다. 강사로서 저작권에 대한 부분은 매우 민감한 부분이기에 불편한 마음을 느낄 수밖에 없었다. 물론 내 강의를 다수가 모인 그룹에 연결시켜 줘 많은 분들에게 나를 알릴 수 있는 기회를 얻은 것은 분명한 사실이었고, 서로의 영향력에 도움을 주겠다는 좋은 의도로 시작한 것은 맞다. 하지만 이렇게 소통이 충분히 이루어지지 않은 상태에서 협업이 진행될 때는 서로에게 불편함을 줄 수 있다.

그래서 협업을 할 때는 반드시 이메일이나 서면을 통해 서로의 업무에 대해 확실한 역할을 조율하고, 한쪽의 노력이 더 크지 않도록 균형 있게 일의 비중을 나눠야 하며, 의문이 생기는 부분이 있거나 조금이라도 상대가 불편해할 수 있는 부분이 있을 때에는 상대방이 먼저 묻지 않더라도 만약의 상황을 위해 사전에 협의하는 것이 필요하다. 이처럼 협업을 하기 전 사전협의가 잘 이루어져야 서로에게 더 돈독한 신뢰가 생길 수 있고 더 길고 깊은 협력관계를 유지해 갈 수 있다.

시스템을 갖춘 프로와 협업하라

협업을 할 때 가장 좋은 대상은 퍼즐의 99조각을 모두 맞춘 상태에서 부족한 한 조각의 퍼즐이 되어 줄 수 있는 사람이다. 프로와 프로가 만났을 때 나에게 없는 1%를 채워줄 수 있는 영향력과 조건을 가진 관계라면 아주 좋은 작품이 나올 수 있다.

지인의 소개로 마케팅과 새로운 판로 개척에 색다른 방법을 찾던 수제가죽 공방의 대표님을 만났다. 꽤 오랜 기간 그 분야에서 탄탄하게 자리를 잡아 온 회사였다. 나는 평소 관심이 있었던 책과 관련된 굿즈를 가죽제품으로 만들어 보고 싶다고 협업 아이디어를 제안했다. 내가 제품에 대한 아이디어를 제공하면 공방에서 디자인과 샘플을 마음에 들 때까지 수정해 완성시켜 주고, 내가 SNS 마케팅을 통해 주문을 받아 전달하면 공방에선 제품 제조와 배송, A/S를 맡아 주기로 했다.

결과는 대성공이었다. 공동구매를 통해 1차로 200개 이상의 제품을 판매했고, 이후에는 함께 판매할 셀러들을 모집해 그들의 스마트스토어에 상품을 판매하는 식으로 점차 판매처를 늘려갔고, 플리마켓을 통한 오프라인 판매뿐 아니라 크라우드 펀딩의

수제가죽 공방과 협업하여 만든 북카바 굿즈

리워드 판매, B2B 단체주문 판매 등 다양한 시도를 통해 온오프라인에서 서로의 브랜드를 널리 알릴 수 있었다.

이 협업을 통해 나는 생각한 것을 현실로 만드는 새로운 방법을 터득하고 더 다양한 일에 도전할 수 있게 되었다.

서로의 꿈을 공유하라

나는 어떤 누군가를 만나더라도 '그들과 함께할 수 있는 재미있는 일이 뭐가 있을까?'라는 전제를 두고 만남에 임한다.

내가 진행하는 '덕업일치' 오디오클럽에서 세상에 단 하나뿐인 나만의 피규어를 3D 프린터로 제작하는 '미니멀스냅'의 조덕호 아카이브와 인터뷰를 했는데, 방송 당일 나와 꼭 닮은 피규어를 선물받았다. 내가 늘 즐겨 입던 네이비색 스트라이프 정장을 입은 내 모습의 피규어를 보자 재미있는 발상이 떠올랐다. 각자 자신과 꼭 닮은 피규어를 제작해 피규어 파티 & 사진전을 열어보자는 아이디어였다. 피규어로 재미있는 포즈와 샷을 만들어 촬영을 하고, 향후 오프라인 파티에 그와 똑같은 옷을 입고 만나 피규어 샷과 실사 컷을 똑같은 포즈로 찍어 함께 공유하면 너무나 특별한 잊지 못할 추억과 재미를 선물할 것 같았다.

인터뷰를 마친 후 내 아이디어를 전달하는 과정에서 조덕호 작가가 평소 자신이 모아온 1,000만원 어치가 넘는 피규어와 아트 포스터를 가지고 전시를 계획하고 있다는 사실을 알게 되었다. 그리고 나는 그 전시를 현실로 만들어 줄 갤러리와 파티 공간을 가지고 있는 사람이었다. 이렇게 전혀 낯선 조합일 것 같았던 사람들이 서로가 하고 싶었던 꿈에 대한 이야기를 나누다 보니 재미있는 기획으로 발전되는 과정을 경험했던 순간이었다.

'미니멀스냅'에서 제공하는 서비스를 경험한 후 '피규어 파티 & 사진전'을 기획해 보았다

당신의 필요함을 채워줄 파트너를 찾아라

나는 그동안 베스트셀러 저자의 브랜딩과 출판 마케팅을 해 오면서 많은 출판사와 저자들과 인연을 맺어왔다. 그렇게 맺어진 네트워크를 통해 나는 7년 이상 북토크쇼를 진행해 왔는데, 토크 쇼를 할 때마다 늘 음악 공연이 함께했으면 하는 바람이 있었다. 공연이 곁들여진 행사는 훨씬 더 풍성한 볼거리를 제공하고 전체 행사의 분위기를 부드럽게 만들어주기 때문이다.

나의 이런 소망이 통했는지, 앨범 제작과 스튜디오 운영, 아티 스트 매니지먼트를 하고 있는 디엠엔터테인먼트의 정연석 대표 를 소개받았다. 그리고 우리는 서로의 강력한 필요함이 각자의 부족한 점을 채워줄 수 있다는 것을 확인하고 함께 '온앤오프 뮤 직북콘'이라는 새로운 프로젝트를 시작하게 되었다. 당시 정 대 표는 회사 소속 아티스트들의 음반을 준비하며 앨범이 나오면 홍 보에 박차를 가할 계획이었는데, 코로나19로 인해 무대에 설 기 회가 줄어들어 온라인 기반의 무대를 찾고 있던 중이었다. 우리 는 현재 유튜브 스트리밍과 Zoom을 통해 온앤오프로 음악과 책 이 함께하는 뮤직북콘을 월 2회씩 진행 중인데, 역시나 음악이 함 께하니 참석자의 만족도가 훨씬 높았고, 아티스트의 홍보에도 큰 도움이 되고 있다.

책과 음악이 함께하는 '문예오프 뮤직북클럽' 현장

　이처럼 많은 협업 경험을 토대로 생각해 보니 협업이 성공하기 위해서는 각자가 지닌 콘텐츠가 상대에겐 보석처럼 느껴질 만한 필요성이 있어야 하고, 서로가 욕심을 내려놓고 함께 성장한다는 비전을 가지고 각자 맡은 바 역할에 최선을 다해야 한다. 반대로 양쪽의 재능과 노력의 균형이 맞지 않거나 어느 한쪽이 욕심을 내는 경우에는 실패할 확률이 높았다.

　무조건 내가 혼자 다 할 수 있다는 자신감은 잠시 내려놓고, 주위를 둘러보자. 내가 잘하는 일을 필요로 하는 사람을 찾아보고, 내가 필요한 일을 잘하는 사람을 찾아보자. 그리고 그들에게 협업을 제안하자. 모든 일은 함께할 때 영향력이 더욱 배가될 수 있다.

남이 나를 소개하게 하자

자신의 영향력을 높이는데 있어서 본인이 할 수 있는 모든 것을 다한다 해도 긍정적인 타인의 평가가 없다면 그 영향력은 공신력을 얻기 힘들다. 그래서 우리는 늘 타인으로부터 좋은 평판을 얻기 위해 노력해야 한다.

추천의 힘은 그 무엇보다 강하다

내가 진행하는 퍼스널 브랜딩 컨설팅의 경우 80% 이상이 나를 검증해 주는 추천인의 소개로 진행되고 있다. 컨설팅을 받았던 고객들이 본인이 경험했던 느낌을 주변 사람들에게 구체적으로 전달해 준 덕분에 별다른 홍보 없이도 바로 고객과 연결될 수 있었다. 한때는 내 고객이었던 분들이 이제는 마케터가 되어주는 것이다. 타인의 추천은 이처럼 강력하다.

물론 타인에게서 긍정적인 후기가 나오게 하는 가장 기본 중의 기본은 당연히 본질적으로 콘텐츠가 좋아야 한다. 그리고 이때 콘텐츠만큼 중요한 것이 그 사람의 품성이다. 언행일치를 통해 내뱉은 말에 책임지는 삶, 겸손하고 상대를 배려하는 태도, 자신의 분야에 끊임없이 노력하고 발전하는 모습으로 나 스스로가 좋은 사람이자 실력 있는 사람임을, 그리고 그것이 거저 얻어지는 것이 아님을 증명하는 것이 우선시되어야 한다.

내가 아는 영어교육전문가 중 최고는 '영어영재연구소'의 최정애 대표이다. 엄마표 영어의 시조새라고 할 수 있는 최정애 대표는 관련된 학위나 교육과정을 거치지는 않았지만 자신의 뚜렷한 소신과 방법으로 사교육 없이도 책과 놀이를 통해 아이를 영어영재로 키워낸 엄마이다.

육아를 하며 워킹맘으로 지내던 시절, 아이와 함께하는 시간을 SNS에 꾸준히 기록해 왔던 것이 엄마들 사이에서 입소문을 타며 파워블로거로 활동하게 되었고, 영어교육 전문기업의 강의 섭외가 이어지며 자연스럽게 강사로 데뷔하게 되었다. 이렇게 입소문만으로 업을 이어갈 만큼 내공이 대단한 실력자였다.

하지만 영어교육 분야에 대한 관심이 커지는 만큼 경쟁자는 늘어났고, 실력보다 마케팅이 중요한 시장이 되고 있었다. 나는 먼저 최 대표의 활동경력과 강의 커리큘럼이 정리된 홈페이지를 만들었다. 누군가가 홈페이지에 들어온다면 최정애 대표가 어떤 사람인지, 무엇을 잘할 수 있는 사람인지, 내가 무엇에 대한 도움을 받을 수 있는지, 또 즉시 연락 가능한 방법은 무엇인지 등을 상세히 담았다.

그리고 홈페이지로의 연결고리를 만들기 위해 최 대표의 교육 방법을 추천하는 리뷰를 블로그에 올렸다. 나 역시 7세 아이를 키우는 엄마였기에 영어교육에 대한 필요성을 느끼고 있었고, 실제 최 대표의 컨설팅을 통해 많은 도움을 받았기에 진정성 있는 리뷰를 적을 수 있었다. 이렇게 쓴 리뷰는 네이버 통합검색 1면 제일 상단에 '영어교육전문가'라는 키워드로 노출되었다.

리뷰 덕분인지 최정애 대표는 유명한 영어교육 전문기업의 40주년 특별 컬럼니스트에 선정되었고, SBS 어린이 프로그램에 전문가 패널로 출연할 수 있었다. 참고로 나는 평소 컨설팅을 해드린 분들에게 강의나 방송 등에서 섭외가 오면 그 경로를 확인해 보는데(이 과정이 있어야 지금의 컨설팅 방법이 맞는지 확인할 수 있고 성과가 나는 방법을 찾아 더 빠른 길로 갈 수 있다), 방송을 섭외한 작가는 역시 '영어교육전문가'라는 키워드 검색을 통해 최 대표에 대한 정보를 얻었다고 했다.

　　내가 속한 카테고리에서 대표성을 띠고 나를 먼저 찾아오게 하기 위해서는 첫째 목표 키워드 장악과 상위노출, 둘째 경험자의 신뢰도 높은 후기, 셋째 최종 목적지로의 연결 및 메뉴판(홈페이지 및 블로그) 세팅이 필요하다. 그리고 이중에서 특히 타인의 후기가 매우 큰 비중을 차지한다. 온라인에 게재된 객관적인 의견이 의사결정에 많은 영향을 미친다는 것은 이미 통계로도 검증된 사실이다.

　　이처럼 우리의 영향력이 좀 더 효과적으로 드러나고 수익으로 이어지게 하려면 반드시 나 이외에 타인의 실질적인 경험과 진심이 담긴 진정성 있는 후기가 필요하다. 오프라인뿐 아니라 온라인에서도 나를 검증해 주는 평가단이 존재해야 한다는 뜻이다. 그러니 당신도 재빨리 타인의 긍정적인 후기를 생성하는 전략에 대해 고민해야 한다.

타인에게 긍정적인 평가를 얻는 방법

그럼, 이제 사람들의 후기를 받을 수 있는 방법을 알아보자.

첫 번째 방법은 '요구'이다. 루이스 쉬프의 《상식 밖의 부자들》에서는 10년간 1,000명의 백만장자들을 연구해 새로운 부의 공식을 설명하는데, 그중 '요구'의 중요성에 대해 "당신이 지금 하고 있는 일을 통해 더 많은 돈을 벌지 못하는 단 하나의 이유는 요구하지 않았기 때문일 가능성이 크다. 정말 그렇다."라고 말한다.

당신이 요구하지 않으면 사람들은 그것이 필요하다고 느끼지 못한다. 나는 첫 책을 냈을 때 만나는 사람마다 함께 인증샷을 찍으며 본인의 SNS에 올려달라고 부탁했고, 강의나 강연이 끝날 때면 늘 해시태그를 달아 후기를 써 달라는 요청과 내 채널에 방문해 달라는 부탁의 말로 마무리했다. 나를 한 번이라도 접한 사람들의 후기는 나와 접점이 없었던 사람들보다 훨씬 더 긍정적으로 올라오기 때문이다.

종종 기프티콘과 같은 소정의 상품을 제공하거나 무료 초대권 등을 제공하는 이벤트를 통해 후기를 모집하기도 하는데, 이는 나를 경험한 사람들과 더 좋은 관계를 구축하고 좋은 후기까지 만들어 낼 수 있다는 점에서 좋은 방법이라고 할 수 있다.

두 번째 방법은 최소 '3명의 지지자'를 확보하는 것이다. EBS에서 했던 실험 중 '3의 법칙'에 대한 것이 있었다. 강남역 한복판에서 횡단보도를 건너던 세 사람이 잠시 멈춰 아무것도 없던 하늘을 가리키자 길을 건너던 모든 사람이 멈춰 하늘을 바라보느라 길 전체가 마비되는 내용이었다. 한두 사람이 아무리 큰 액션으로 오버하며 하늘을 가리켜도 무심코 지나가던 사람들이 멈춰 선 데에는 3이라는 숫자의 힘 때문이었다. 세 명이 넘어가면 개인에서 집단이라는 개념이 선다고 한다.

문성후 박사도 《부를 부르는 평판》에서 반드시 지지자 3명 이상을 확보하라고 말한다. 실제로 기업에서 경력직원을 뽑을 때 전 직장에서의 평판을 조회하는데, 이로 인한 탈락률이 무려 70%에 달한다고 한다. 평소 나를 지지하는 사람을 확보하고 자신의 평판을 관리하는 것이 얼마나 중요한지 알 수 있는 대목이다.

내가 아무리 혼자 열심히 떠들고 다녀도 큰 영향력을 발휘할 수 없지만 적어도 세 명 이상의 사람이 나를 온전히 지지하며 나에 대해 긍정적인 평가를 한다면 그들의 긍정적 후기는 나를 '그 자리에 적합한 사람'으로 보이게 만들어 줄 것이다.

세 번째는 '꾸준한 기록'이다. 주변의 평가가 진짜임을 검증하려는 사람들이 나를 검색했을 때, 그에 맞는 경력과 콘텐츠, 실제 경험자의 긍정적인 후기가 있다면 그 평가는 반드시 좋은 결과로 이어질 것이다. 한 번은 페이스북 강사를 찾는다는 글을 올린 교육담당자의 글에 수십 명의 사람들이 나를 태그 걸어 '박제인 강사를 추천합니다'라고 댓글을 달았다. 알림 덕분에 그 글을 보게 된 나는 나를 추천해 준 분들의 리스트를 보며 깜짝 놀랐다. 그들 중에 내 강의를 실제로 들어본 사람은 거의 없었기 때문이다.

나는 내가 한 일에 대한 기록을 커리어자산이라 생각하고 SNS에 꾸준히 남긴다. 페이스북 친구들이 내가 그 강의를 잘할 수 있는 사람이라고 인지하게 된 데는 여러 가지 이유가 있겠지만, 먼저 다양한 곳(다양한 대상, 다양한 인원, 다양한 지역 등)에서 강의를 해왔던 누적된 회차가 나를 검증해 주었을 것이고, 둘째로 내 강의를 들은 수강생과 교육담당자의 피드백이 담긴 후기 포스팅을 통해 검증했을 것이고, 마지막으로는 실제 페이스북 운영을 잘하고 있는 나를 보았기 때문일 것이다. 결론적으로 내가 강의하는 것은 직접 보고 듣지 못했지만, 이 모든 것이 종합적으로 판단되어 '박제인＝페이스북 강의 잘하는 사람'으로 나를 기억하게 되었을 것이다.

이제부터 타인의 긍정적인 평가를 얻기 위해 요청할 것은 당당히 요구하고, 최소 3명의 지지자를 찾고, 꾸준히 과정을 기록해 나가자. 타인의 후기와 추천으로부터 얻은 영향력은 반드시 돈이 된다.

효과가 있는 영역부터 시작하자

영향력이 수익으로 이어지게 하려면 상품과 콘텐츠를 필요로 하는 사람이 원하는 정보가 모두 나를 향하게 만들면 된다. 쉽게 말해 다양한 검색엔진과 소셜 검색창에서 키워드를 검색했을 때 나를 소개하는 콘텐츠가 나오게 하는 것이다.

나를 검색되게 만드는 방법

나의 콘텐츠를 노출하기 위해서는 먼저 사람들이 목표 키워드(고객의 사용언어)를 검색했을 때 광고비를 지불해야만 노출되는 Paid 영역을 제외하고, 자연검색된 Organic 영역의 우선순위가 무엇인지부터 찾아내야 한다.

　네이버에서 키워드를 검색하면 각각 다른 노출순서를 보여준다. 예를 들어 '여성 화장품'을 검색하면 파워링크 → 네이버쇼핑 → VIEW → 지식백과 → 뉴스 → 비즈사이트 순으로 노출되고, '자기계발 책'을 검색하면 네이버 베스트셀러 정보 → VIEW → 지식iN → 플레이스 → 네이버 책 → 네이버쇼핑 순으로 노출된다(통합검색 결과는 관심도에 따라 수시로 변한다).

　그리고 첫 화면에 노출되지는 않지만 '더보기'를 통해 노출되는 페이지의 종류에는 지도, 웹사이트, 뮤직, 오디오클립, 뉴스, 학술정보, 책, 지식백과, 실시간 검색, 인물정보 등이 있다.

　'여성 화장품' 키워드에서 광고영역을 제외하고 보면 네이버쇼핑, VIEW(카페, 포스트), 동영상, 지식iN이, '자기계발 책'에서는 VIEW(블로그, 카페, 포스트), 지식iN, 동영상이 광고비를 지불하지 않고도 자연검색이 가능한 Organic 영역이다.

이렇게 자연검색이 가능한 영역을 찾았다면 이제 내가 가진 상품과 콘텐츠를 검색해 볼 만한 고객의 사용언어와 그 단어에서 파생된 연관검색어와 자동완성어를 하나하나 검색해 보며 어떤 영역이 내가 가장 신경써야 할 영역인지 우선순위를 정해 공략해야 한다.

예를 들어 VIEW, 동영상, 이미지 탭이 우선 노출된다면 당신은 블로그나 카페에 주력해야 한다. 블로그와 카페에 올린 동영상과 이미지가 동영상, 이미지 탭에 노출될 수 있기 때문이다.

만약 지식iN이 상단에 뜬다면 당신은 꾸준하게 지식iN 활동을 통해 당신의 키워드와 관련된 질문에 성실하게 답을 달아가며 당신의 존재감을 세상에 알려야 한다.

지도 페이지가 뜨는 경우 상세 지도보기에 올라와 있는 블로거나 카페 이용자의 리뷰를 잘 관리해야 하며, 내 서비스를 경험한 사용자가 후기를 작성해 줄 수 있는 이벤트를 기획해 긍정적인 고객 리뷰를 생성할 수 있는 환경을 만드는 것이 좋다. 그리고 본인 역시 블로그나 카페에 글을 쓸 때 지도를 삽입해 정보성 글이 지도 페이지를 통해 나의 가망고객에게 전달되게 해야 한다.

뉴스 페이지가 메인이라면 내가 원하는 키워드로 홍보기사를 써 줄 수 있는 언론사를 찾아 기사를 송출하여 뉴스 탭 상단 노출을 잡는 것이 좋다. 이런 경우 홍보를 위해 대가 없이 칼럼니스트로 활동 가능한 언론사를 찾는 것도 하나의 방법이 된다.

웹사이트가 상단에 뜬다면 네이버에서 무료로 제공하는 modoo 홈페이지를 만들어 사이트 검색을 통해 검색되게 하거나 직접 홈페이지를 제작하여 사이트 등록을 통해 노출할 수 있다.

정리해 보면 내가 제공하는 상품과 콘텐츠를 고객이 어떤 방식으로 검색하는지에 대한 '고객의 사용언어'를 찾는 게 첫 번째고, 그 키워드를 검색엔진에서 검색했을 때 노출되는 영역에 대한 파악이 두 번째다. 그리고 마지막으로 그 영역에서의 영향력을 발휘하는 방법에 대한 연구와 실행이 필요하다. 이러한 순서대로 내 목표 키워드를 하나하나 노출시켜 나가다 보면 사람들에게 검색될 확률이 점점 더 높아질 것이다. 그렇게 반복적으로 인식되다 보면 '○○=당신'이라는 대표성이 만들어질 것이고, 그때부터 당신의 영향력은 돈이 될 것이다.

그럼, 이제 본격적으로 영향력을 어떻게 관리하는지 각 단계별로 알아보도록 하자.

영향력을 관리하는 방법

- **1단계** 통합검색을 관리하라
- **2단계** 고객의 사용언어로 바이럴하라
- **3단계** 제 발로 걸어오게 하라
- **4단계** 친구의 친구를 공략하라

통합검색을 관리하라

먼저 1단계는 내 이름과 회사명, 브랜드명을 검색할 때 내가 우선적으로 나오게 하는 것이다. 흔치 않은 이름인 경우는 노출이 쉬울 수 있지만, 중복되는 이름이 많은 경우에는 치열한 경쟁이 요구된다. 이럴 때에는 내 이름＋직업 키워드(대표, 작가, 아티스트, 강사 등)를 붙여서 노출시키거나 세상에 없는 유일한 퍼스널 브랜드명을 만들어 노출시킬 수 있다.

그런데 이때 노출보다 중요한 것은 누적된 시간과 콘텐츠의 힘이다. 단기간 형성된 콘텐츠의 영향력은 깊이가 얕을 수밖에 없다. 반면 누적된 시간 동안 꾸준히 활동한 근거를 모아놓은 사람들은 그 영향력에 더 깊이가 있고, 그 시간을 조용히 지켜봐 온 팬들의 신뢰를 더 탄탄하게 받을 수 있다. 그래서 현재의 내가 완성되어 있지 않은 상황이라면 목표를 향해 나아가는 과정을 꾸준하게 기록하며 콘텐츠의 힘을 누적할 필요가 있다.

현재 내가 매니지먼트하고 있는 남인숙 작가는 여성 자기계발 분야를 개척한 분으로, 380만 독자를 보유하고 있는 베스트셀러 작가다. 남인숙 작가의 주력 서비스와 콘텐츠는 자신이 쓴 책과 그와 관련한 강연인데, 강연을 의뢰하려는 교육담당자는 대부분 작가의 이름을 검색하여 정보를 찾는다. 그래서 작가 이름을 검색할 때 나오는 통합검색 1면의 관리가 영향력을 돈으로 만드는 가장 중요한 부분이 된다. '남인숙 작가'라는 키워드를 네이버 통합검색에서 검색해 보면 인물 정보 → VIEW → 이미지 → 지식iN → 동영상 → 네이버 책 → 뉴스 순으로 검색이 되는데, 이렇게 검색되는 모든 영역은 꼼꼼하게 관리해야 한다.

우선 modoo 홈페이지를 공식 홈페이지로 설정해 웹사이트 탭 노출을 목표로 잡았고, modoo 홈페이지에는 작가의 대표 이력과 강연 커리큘럼, 다양한 포트폴리오를 정리해 온라인 강연 제안서를 만들어 올려 두었다. 그리고 인물정보 부분의 프로필 사진은 항상 업데이트된 최신 사진으로 교체하고, 저자가 활동하

는 다양한 SNS도 연결해 팬들과의 소통의 창을 열어 두었다.

VIEW, 동영상 탭에는 북토크쇼와 독자 팬 미팅 등 직접 주최하거나 다양한 곳에서 진행했던 독서모임과 강연 활동을 통해 신뢰도 높은 후기를 만들어 나갔다. 또 작가가 활발하게 활동 중인 SNS를 기반으로 책 출간과 강연회를 홍보하고, 해시태그 이벤트 등을 통해 키워드 검색시 타인의 계정에서 남 작가의 후기가 자연스럽게 노출될 수 있는 활동을 꾸준히 이어갔다.

또 팬 카페 운영을 통해 꾸준히 지수를 관리한 덕분에 카페명에서도 작가의 이름만 검색하면 찾을 수 있게 되었다. 그리고 다양한 네이버 대표 카페와의 콜라보 강연, 방송과 행사를 통해 타인의 좋은 평가가 담긴 카페 리뷰도 많이 생성할 수 있었다.

그 외에도 작가는 꾸준한 유튜브 활동을 통해 구글 검색엔진 노출도 관리하고 있고, 해외에서 열리는 K-BOOK 행사에 초대되는 등 큰 이슈들로 인해 인터뷰 기사에 여러 번 소개되어 뉴스 탭에서도 공신력 있는 뉴스 기사를 확보할 수 있었다.

이처럼 타인이 나를 찾을 때 사용하는 키워드를 통합검색에서 검색해 보자. 그리고 첫 번째 화면에 나오는 모든 영역을 관리해 나가자. 고객이 움직이는 대로 나도 똑같이 움직여야 한다. 그리고 이 작업을 꾸준하게 반복해 나가야 한다. 통합검색 결과는 생명체처럼 사람들의 관심과 클릭에 의해 변하기 때문이다.

고객의 사용언어로 바이럴하라

　2단계는 고객이 사용하는 검색언어를 통해 가장 효과적으로 바이럴하는 것이다. 우선 경쟁이 치열한 키워드일수록 상위노출이 힘들기 때문에 노출 가능한 키워드의 범위를 확인하는 작업이 필요하다. Part 2에서 소개한 '목표 키워드로 시장을 장악하라' 편을 보면 키워드 도구의 사용법이 나와 있다. 내 카테고리에 속한 고객의 사용언어를 엑셀 파일로 추출하여 그 단어를 포함해 글감을 만들면 된다. 이때 내가 쓰려는 키워드의 월간 검색 수가 얼마인지 파악한 후 글을 쓰는 것이 중요하다. 그 이유는 내가 지금 노출하고자 하는 콘텐츠가 어느 정도의 영향력을 펼칠 수 있는지 미리 예측할 수 있기 때문에 너무 큰 기대에 실망하지 않을 수 있고, 또 너무 큰 욕심을 부리지 않을 수도 있기 때문이다. 상위노출에 성공하면 엄청난 방문자가 올 거라 기대하는 경우가 많은데, 실제로는 키워드 자체의 영향력이 낮아 검색한 사람들이 모두 들어온다고 해도 그 영향력이 아주 작은 경우도 있다. 처음 시작하는 단계라면 조회 수가 낮은 키워드부터 공략해 가면서 점차 노출 가능한 키워드의 영역으로 넓혀가며 내 카테고리에서 키워드 땅따먹기를 해보기를 권한다.

　키워드를 결정할 때 또 하나 염두에 두어야 하는 것이 있다.

내가 노출하고자 하는 키워드가 얼마나 빨리 순환되는지에 대한 검증이다. 예를 들어 똑같이 1,000뷰의 검색 수가 나오는 키워드여도 어떤 키워드는 블로거들이 빠른 속도로 글을 업데이트해 순위 경쟁이 치열할 수 있고, 어떤 키워드는 새 글이 올라오는 속도가 더뎌 내가 오랫동안 상위에 머물 확률이 높을 수 있기 때문이다. 그래서 늘 고객의 사용언어, 즉 내가 노출하고자 하는 목표 키워드를 검색해 보는 습관이 필요하다.

내 카테고리에서 어떤 키워드가 영향력이 있고, 어떤 키워드가 콘텐츠 제작속도가 빠르고 느린지를 파악하고 움직인다면, 남들보다 훨씬 적은 콘텐츠를 생산하고도 더 많이 노출될 수 있는 확률이 높아질 것이다. 조회 수가 낮은 키워드여도 새 글 업데이트가 느린 키워드는 오랫동안 상단에 머물 확률이 높기 때문에 내 채널의 최소 방문자를 꾸준히 유지할 수 있다. 반면 조회 수가 아무리 많더라도 새 글 업데이트가 지나치게 빠르다면 감각적이고 자극적인 제목을 붙여 짧지만 임팩트 있는 유입을 만들어 신규 고객들에게 나를 노출해야 한다. 다만 이 경우는 상위 유지기간이 짧기 때문에 반복적으로 그 키워드에 대한 새 글을 생산하는 것이 필요하다.

여기서 중요한 것은 내가 월간 검색 수에서 파악한 키워드를 얼마나 상위노출할 수 있는지 다양한 키워드에 도전해 보면서 내 평균을 스스로 감지하는 것이다. 이렇게 꾸준하게 콘텐츠를 만들며 내 영향력에 대해 파악하게 되면 내 채널의 성장단계 확인이 어느 정도 가능하기 때문에 노력한 것에 대해 보상받는 기분을 느끼며 활동을 이어갈 수 있다.

이제 목표 키워드를 꾸준하게 관리하며 단계별 키워드 땅따먹기를 해보자. 하위 키워드부터 최상위 키워드까지 하나하나 점령할수록 당신의 영향력은 점점 더 커질 것이다.

제 발로 걸어오게 하라

3단계는 고객이 제 발로 걸어오도록 액션을 취하는 것이다. 이 방법은 사람들의 심리를 이용해 일종의 호기심을 유발하는 꼼수이기도 하다.

우선 지금까지 발견한 목표 키워드로 검색해 관심사가 같은 사람들의 계정을 찾아낸다. 그리고 그 사람들의 계정에 방문해 5개 정도의 게시물에 '좋아요'를 연속으로 누른다. 이 방법은 모든 SNS에 알림 기능이 있는 것을 활용한 꼼수인데, 내 계정에 누군가 '좋아요'를 누르면 그 근거가 푸시 알림을 통해 간다. 보통 한두 개 게시물에 '좋아요'를 누르는 게 일반적인데 5개 정도의 게시물에 '좋아요'를 지속적으로 누르면 누군지 궁금한 마음에 그 사람의 프로필로 들어가 보게 된다. 그 심리를 이용해 내가 누군지 알리고 관심분야가 같은 나를 발견하게 만드는 것이다. 다만 이 방법을 사용할 때에는 먼저 내 계정의 프로필 이름을 반드시 알아보기 쉬운 이름이나 브랜드명으로 바꿔놓아야 한다. 그리고 프로필 사진에는 움직이는 GIF 이미지나 동영상 등을 넣으면 남들과 다른 차별성 때문에 눈에 더 띄기 쉽다.

이처럼 내가 특정한 누군가의 눈에 띄고 싶다면 그 사람의 계정에 꾸준하게 반응을 보여주자. 여러 번 반복되면 그 사람은 반드시 나를 인지할 것이다.

친구의 친구를 공략하라

마지막 4단계는 더 고단수의 작전인데, 특정 타깃의 가장 가까운 친구들을 공략하는 것이다. 나의 존재를 꼭 알리고 싶은 특정 채널이 있다면 그 채널의 최근 게시물 중 좋아요와 댓글, 공유(스크랩)를 가장 많이 하면서 활발하게 활동하고 있는 헤비 heavy 유저를 찾는다. 그리고 그들과 친구를 맺고 활발하게 교류한다. 그렇게 되면 그들이 누른 내 게시물에 대한 반응이 내가 처음 목표한 타깃에게도 노출되고, 그런 사람이 하나둘씩 많아지면 그들 사이에서 나는 영향력 있고 알려진 사람이 된다.

우리는 보통 주변에서 많이 언급되는 사람의 경우 호감을 갖게 되기 때문에 실제로 만남으로 이어질 확률이 매우 높아진다. 이렇게 좁은 단위에서부터 목적을 가지고 친구를 확장하면서 늘려 나가 보자. 그럼, 그들 사이에서 당신은 유명한 사람이 되고, 당신이 원하는 사람이 제 발로 찾아올 것이다.

때에 맞는 도움을 주자

나의 영향력을 쉽게 검증할 수 있는 방법 중 하나가 바로 '때에 맞는 필요한 도움 주기'이다. 나는 이 방법을 통해 지금까지 내 영향력의 범위를 수없이 넓혀왔다. 나는 상위노출 블로거, 페이스북 파워유저라는 큰 강점을 가지고 있다. 내가 원하는 키워드를 검색 상위에 노출시키고, 내가 쓴 글이 뉴스피드 상단에 오르게 하는 기술이 있다. 그리고 누군가는 이 기술을 매우 필요로 한다.

나는 이러한 강점을 통해 타인의 성장을 도우며 내 영향력을 키워 왔다. 예를 들어 새 책을 출간한 저자들이 있을 때에는 인터뷰를 요청하고, SNS 채널에 바이럴하고, 책 리뷰를 써 상위노출이 되게 해주는 등 저자들에게 실질적으로 도움되는 일에 정성을 다해 좋은 결과를 선물했다.

이런 나의 도움은 그분들에게 '때에 맞는 필요한 도움'이었기에 더 많은 감동을 주었고, 첫 책의 저자이기에 불러주는 곳이 없던 본인을 가장 먼저 알아봐 준 고마움으로 평생 좋은 인연을 이어갈 수 있는 계기가 되었다.

그리고 이런 도움은 내 입장에서 볼 때도 결코 손해가 아니었다. 나는 퍼스널 브랜딩을 하는 사람이다 보니 그렇게 만들어 낸 성과는 나의 포트폴리오와 경력이 되기 때문에 돈을 받지 않고 했던 일이지만 충분히 가치가 있는 투자였다. 그리고 사람들은 쌓여가는 내 커리어를 보고 '이만큼 할 수 있는 회사' '이 정도로 잘할 수 있는 사람'으로 인식하게 되었다. 이런 투자의 시간이 지나자 크고 작은 출판사에서 책이 출간되면 도서 전반의 마케팅을 의뢰하기 시작했고, 결국 우리 회사의 매출에서 큰 비중을 차지하는 수익원이 되었다. 그리고 시작점에서 인연을 맺게 된 저자들은 이제 다들 인플루언서로 성장해 대단한 영향력을 펼치는 분들이 되어 앞에서 나를 끌어주고 있다.

요즘 뜨고 있는 숏 영상 플랫폼 틱톡에서 활동 중인 쥬니는 틱톡을 시작한 지 4개월 만에 50만 팔로워를 넘긴 엄청난 인플루언서이다. 쥬니는 틱톡 활동 이전부터 캐리TV의 1대 줄리 언니로 활약했고, 유튜브를 시작한 지 93일 만에 10만 구독자를 돌파한 화려한 경력의 크리에이터이다. 크리에이터로서의 쥬니는 내게 엄청난 선배이지만, 강사 업력으로서의 나는 쥬니에게 도움을 줄 수 있는 사람이었기에 쥬니의 새로 개척해 갈 강사로서의 브랜딩에 조언을 해주고 있다. 그리고 나 역시 쥬니에게 틱톡 운영법을 전수받아 크리에이터로서의 역량을 키워 가고 있다. 우리는 이렇게 서로에게 때에 맞는 도움과 정확한 성과를 안겨줄 수 있었기에 서로에 대한 신뢰가 더 커지는 관계로 발전할 수 있었다.

이처럼 '때에 맞는 도움 주기'는 나를 더욱 잘 기억하게 만들고, 상대에겐 실질적인 도움을 주며, 인맥의 확장을 통해 서로의 영향력을 넓힐 수 있는 좋은 방법이 된다. 내가 가진 강점으로 타인에게 도움을 줄 수 있는 방법이 무엇이 있는지 고민해 보자.

재미있는 기획이 일상을 담은 굵굵은 크리에이터
'쥬니'의 틱톡과 유튜브

재능기부를 적극적으로 활용하자

    나는 처음 블로그 마케팅 강의를 시작했을 때 그럴싸한 포트폴리오도 없었고, 강의 경력도 없었다. 심지어 당시 학력은 연극영화과 전문대 졸이었다. 다행히 멘토의 도움으로 자신의 강의에 끼워 넣는 식으로 30분 정도의 미니특강을 할 수 있는 2번의 기회를 얻었다. 나는 그 기회를 놓치지 않고 '저는 이런 일을 하고 있어요' '이만큼 잘할 수 있어요' '이런 도움을 드릴 수 있어요' 하면서 열심히 나를 어필했다.

    이런 나의 간절함 덕분인지 '러빙핸즈' 박현홍 대표는 러빙핸즈의 SNS 홍보대사로 나를 픽업하고 싶다고 제안했다. 단, 두 가지 조건이 있었다. NGO에 정기후원을 해 달라는 것, 그리고 NGO 직원들에게 3개월간 마케팅 교육을 시켜달라는 것이었다.

첫 번째 조건은 평소 나눔에 뜻이 있었고, 투명하고 가치가 있는 좋은 기부처가 있다면 당연히 정기적인 나눔을 할 의향이 있었기에 기쁜 마음으로 받아들였다. 특히 러빙핸즈는 기부금의 출처를 명확히 밝히는 투명한 NGO로 잘 알려진 곳이었기에 더 신뢰가 갔다. 두 번째 조건도 나에게 아주 좋은 딜이었다. 강사로서 수강생의 성공사례가 꼭 필요했었기에 3개월이라면 충분히 성과를 낼 수 있을 거란 생각이 들었다. 게다가 강의한 시수만큼 강의료를 책정하고 그 금액을 다시 기부금으로 전환하는 형식이어서 내 콘텐츠의 가치를 인정받으며 정당하게 하는 기부였기에 더 만족스럽게 재능을 나눌 수 있었다.

도움이 필요한 아동과 청소년의 멘토링을
연결해 주는 '러빙핸즈'

★QR코드를 찍으면 러빙핸즈 박현홍 대표의 인터뷰를 볼 수 있다.

물론 '재능기부'라는 말을 별로 좋아하지 않는 사람들도 있다. 좋은 취지를 내세우며 무료강의를 요구하는 경우도 종종 있기 때문이다. 하지만 나는 자신이 어떻게 활용하느냐에 따라 재능기부가 경제적으로나 또는 그 외에도 이득이 될 수 있다고 생각한다. 실제로 나는 수강생 모집이나 공간, 마케팅에 노력을 들이지 않고도 3개월 동안 열정적인 수강생을 만날 수 있었고, 매 수업마다 성실하게 배운 것을 리뷰해 준 덕분에 타인의 긍정적인 후기를 쉽게 얻을 수 있었다. 그리고 NGO 사이트의 검색순위도 상단을 점령하기도 했고, 연관검색어도 생성되었고, 수강생 중에서 눈에 띄는 방문자 수를 기록한 성공사례도 여럿 나오게 되어 그 스토리를 다음 강의의 소재로 고스란히 사용할 수 있었다.

게다가 연예인도 셀럽도 아닌 평범한 사람이었지만, 내가 가진 콘텐츠의 힘만으로 '홍보대사'가 될 수 있었던 스토리도 만들 수 있었고, 3개월의 긴 시간을 투자했던 강의료를 기부했다는 스토리를 통해 선한 영향력을 펼치는 좋은 이미지도 얻을 수 있었다.

그 후로도 나는 매년 연말이면 수익금을 러빙핸즈에 기부하는 송년파티를 주최하기도 하고, 플리마켓을 진행하기도 했으며, 국민대 글로벌창업벤처대학원 재학시절에는 '사회적 경제 리더과정' 수료를 위한 인턴으로 러빙핸즈 NGO에 자원해 기부문화의 개선에 대한 다양한 프로젝트를 시도하며 즐겁고 가치 있는 기부문화를 알리는 데 힘쓰기도 했다. 이러한 시도들은 내가 영향력을 사용하고자 하는 방향이 선한 목적을 두고 있음을 알리는데 도움이 되었고, 실제로 그러한 사례를 통해 향후 사회적 기업을 대상으로 한 다양한 강의에 강사로 초빙되는 기회 또한 얻을 수 있었다. 나는 이렇게 러빙핸즈에서 이어온 재능기부 덕분에 새로운 인연을 만나고 더 많이 성장할 수 있었다.

나는 러빙핸즈의 홍보대사로 활동하며 선한 영향력을 펼치고 있다

러빙핸즈는 1018아동청소년을 위한 지속적인 멘토링 사업을 통해 2017년과 2020년에 대통령 표창을 받았다. 나는 지금도 여전히 러빙핸즈의 홍보대사로 9년 이상 꾸준히 인연을 이어가고 있으며, 러빙핸즈에서 홍보대사로 활동 중인 다양한 분야의 인플

루언서와 연예인, 가수들과도 인연을 맺으며 선한 영향력의 힘을 모아 더 좋은 일을 하기 위해 앞장서고 있다.

당신이 어떤 마음가짐을 가지고 어떤 액션을 취하느냐에 따라 결과는 달라진다. 특히 포트폴리오를 만들어 가는 과정에서 당신이 어떠한 목표를 두고 움직이는가에 따라 작은 경력도, 재능기부도 타인의 눈에 영향력 있게 보일 수 있다. 재능이 있다면 이를 나누는 과정을 포트폴리오로 만들어 수익으로 연결시켜 보자.

차이가 없다면 차별화 속성을 더하자

내가 특별하다고 느낀 재능이 어느 순간 '누구나' 가질 수 있는 재능이 되는 순간, 그 재능의 가치는 값이 떨어진다. 이럴 때 적용할 수 있는 것이 바로 '차별화 속성'이다. 똑같은 기술에 무엇을 더하느냐에 따라 달라질 수 있기 때문이다.

아마존의 창업자 제프 베조스는 "10%만 달리해도 경쟁사보다 10배 성장할 수 있다"고 말한다. 그렇다. 차별화를 완벽히 달라지는 것이라고 생각하면 오산이다. 사람들은 차별화가 너무 심할 경우 이해하지 못한다. 기존의 가치는 당연히 갖추되 '조금만 다르게' 차별화시켜 선보여야 한다. 그랬을 때 사람들은 그 차이를 더 잘 이해하고 기억할 수 있다.

2015년 사람북닷컴에서는 방송인 하지영의 〈하톡왔송〉 토크콘서트 1~5회의 진행과 바이럴 마케팅 등 행사 전반을 주최·주관했다. 토크콘서트가 대부분 연예인이 출연해 토크쇼와 댄스 공연을 하는 평범한 형식의 행사일 수 있었지만 나는 이 행사에 '블라인드 게스트'라는 차별화 속성을 더해 엄청난 바이럴을 일으켰다. 행사에 참가하는 참석자들에게 게스트의 이름을 비밀로 한 것이다. 누가 출연하는지 전혀 모르는 상태에서 당일 행사에 참석해 보니, 가수 허각이 나와 '하늘을 달리다'를 부르고, 소녀시대 수영과 슈퍼주니어 려욱이 게스트로 참여해 무대에서 노래를 불렀다. 심지어 하지영의 생일에는 아이언맨이 수트를 차려입고 케이크를 들고 나오기까지 했다.

차별화해 크게 성공한 방송인 하지영의 '이특있던' 토크콘서트

이렇게 누가 나올지 전혀 기대도 안하고 참석했던 행사에 초호화 게스트가 출연해 너무나 가까운 눈앞의 무대 위에서 열정을 다해 노래하고 이야기하는 색다른 경험에 사람들은 환호성을 질렀다. 아직도 그때를 생각하면 심장이 두근거릴 만큼 너무나 행복한 기억이다. 10명 남짓 되는 관객을 데리고 시작한 첫 토크쇼에서 단 5회 만에 160석을 가득 채웠던 행사였기 때문이다. 이때 적용한 차별화 속성은 '반대로'이다. 모두가 게스트의 영향력을 이용해 모객을 하려 했을 때 우리는 반대로 누군지 모르게 가려서 호기심을 자극해 모객을 했다. 그런 차별화의 시도는 참석자들에게 신선하게 다가갔고, 청중의 자발적인 SNS 바이럴로 인해 수많은 후기와 기사가 쏟아져 나오며 방송인 하지영의 영향력을 높이는 데 큰 도움이 되었다.

'아이디어셀러'라는 단톡방을 운영하는 주식회사 백건필의 대표는 평범한 국어교사에서 1인 기업의 CEO가 된 특이한 경력의 소유자이다. 그는 자신이 공부하고 쌓아온 콘텐츠를 1,000개의 온라인 강의로 찍어 평생회원을 모집하는 간헐적 수익모델과 함께 단톡방에 회원을 모으고 전국의 유명 강사를 모집해 온라인 Zoom 강의로 번개특강을 진행하는 주급 수익모델을 만들어 단톡방 강의시장을 선도하는 기업으로 자리매김했다.

코로나19로 인해 비대면 강의시장이 활성화되며 아이디어셀러의 사업모델은 날개를 단 듯 성장할 수 있었다. 갑작스러운 환경의 변화로 갈 길을 잃은 강사들과 배움의 의지가 높은 자기계발 덕후들을 접근이 편하고 사용이 쉬운 단톡방이라는 카카오톡 메신저를 활용해 연결하는 차별화 전략으로 사업의 성공을 이룬 것이다.

이처럼 남들과 비교해 별다른 경쟁우위를 가져갈 수 없다면, 현재 내가 가장 잘할 수 있는 것에 남과 다른 차별화 속성을 더해 새로운 시장을 개척해 보자. 작은 변화가 시장에서 돋보이게 만드는 특별함이 될 수 있다.

차별화 속성의 예

원격으로,	맞춤형으로,	불편하게,
제품으로,	집중해서,	분리해서,
공유해서,	결합해서,	인공지능으로,
편리하게,	반대로,	축소해서,
확장해서,	사회적으로,	말도 안 되게,
온라인으로,	커뮤니티로,	저렴하게,
비싸게,	느리게,	빠르게,
체험할 수 있게,	플랫폼으로,	오프라인으로,
심플하게,	다양하게,	대신해서,
직접,	콘텐츠로,	무료로

[출처 : 메인콘텐츠, 슘페터 차별화 특성 카드 참조]

PART
5

지속적인
돈벌이를 위한
시스템
구축법

66

계단을 밟아야
계단 위에 올라설 수 있다.

◆

터키 속담

99

삼각 수익구조를 확보하라

나는 초기 자본금 없이, 그리고 일정한 고정급 없이 비정기적인 수입을 벌어들이는 프리랜서형 사업가로 창업 10년 차 버티기에 성공했다. 남들이 다 겪는다는 창업 3~5년 차 죽음의 계곡 Death Valley도 다행히 내게는 없었다. 육아와 대학원 진학으로 인해 의도적으로 일을 줄여야 했던 시기에는 당연히 수익이 줄기도 했지만, 내게 필요한 돈은 언제든 만들어 낼 수 있었다.

운이 좋아서 버텼다는 것을 말하고자 함이 아니다. 나는 정기적인 고정수입이 없다 보니 자금계획을 아주 치밀하게 짜야 했다. 나의 주 수입원 중 하나인 강의의 경우에는 비수기와 성수기가 철저히 나뉘어져 있다. 잘 벌 때는 강의료만으로 월 1~2천을 오가는 수익을 낼 때도 있지만 강의가 없을 때는 수입이 0원일 때도 다반사였다. 그러다 보니 불안정한 수익구조를 믿고 있을 수 없었다. 특히 나는 생계형이었기 때문에 현실적인 대안이 더욱 필요했다.

구체적인 자금계획을 세워라

가장 먼저 했던 것은 내게 필요한 자금을 계산하는 거였다. 나는 프리랜서형 사업가이다 보니 매월 지출되는 고정비를 최소한으로 줄이는 것이 우선이었다. 고정비에는 이겨 낼 장사가 없다. 아무리 작은 지출이라도 모이면 큰돈이 되다 보니 나는 최소한의 고정지출을 위해 인터넷, TV, 유료 앱 사용료, 정수기 렌탈료, 보험료 등 아주 작은 것에서부터 모든 지출을 점검했고, 이렇게 해서 최소생계비가 계산되면 다음은 그 돈을 어디서 어떻게 벌 것인지 계획을 세웠다. 물론 모든 것이 계획대로 진행되지는 않지만, 계획이 없는 것보다는 계획이 있을 때 더 현실적으로 목표한 금액을 달성할 수 있었다.

예를 들어 한 달에 필요한 돈이 400만 원이라면 4주로 나누면 1주에 100만 원씩을 벌어야 하고, 이를 주말을 제외한 평일 5일을 기준으로 나누면 하루에 20만 원씩을 벌어야 한다. 그럼, 나는 하루에 20만 원을 벌기 위해 그에 맞는 행사나 강의를 기획하고, 컨설팅의 횟수를 정하고, 그 외의 금액은 마케팅 대행 및 스마트스토어에 열중해 부가수익을 올리기 위한 계획을 세운다. 이렇게 역산해 계산해 보면 프리랜서지만 돈의 흐름을 예측해 움직일 수 있고, 비상상황에 대비할 수 있게 된다.

삼각 수익구조를 만들어라

나는 프리랜서형 사업가로 살아남기 위해 남들과 조금 다른 전략을 가지고 삼각 수익구조를 만들었다.

우선 첫 번째는 내가 잘할 수 있는 것으로 돈을 버는 것이다. 나는 블로그 마케팅 강사나 마케터로 성공해 나를 알리고 싶지는 않았다. 하지만 나는 그 분야를 잘할 수 있는 사람이다. 그래서 그 분야의 경력을 차곡차곡 쌓아 몸값을 올려 더 적은 시간, 더 적은 에너지를 소비해 더 많은 돈(커리어수익)을 버는 방법을 끊임없이 연구하고 있다. 내가 잘할 수 있는 일로 쉽게 돈을 버는 방법을 찾는 것이다.

하지만 커리어수익에만 목을 매다 보면 트렌드가 바뀌거나 세대교체가 일어나는 시기에 제대로 대비하지 못할 경우 도태되고 만다. 지금은 한 가지 직업이 나를 밥 먹여 주고 책임져 주지 못한다. 시대의 흐름도 너무 빠르고, 어떤 게 돈이 된다 싶으면 앞뒤 안 보고 달려드는 사람들도 너무 많다. 이렇게 시도도 빠르고 포기도 빠르고 세대교체도 빠르다 보니 자칫하면 내가 하고 있는 모든 일들이 한순간에 구식이 되어 버릴 수 있다. 그런 시대를 대비해 나는 미래의 나를 위한 투자를 아끼지 않는다. 단, 좋아하는 일, 지속할 수 있을 거라고 생각하는 것 위주로 투자한다.

나는 1년에 적어도 300~1,000만 원 가까운 금액을 새로운 일에 투자하거나 새로운 것을 배우는데 투자한다. 굿즈 브랜드를 런칭하기도 하고, 독립출판사를 만들기도 했으며, 사주 명리학과 타로카드를 배우기도 했다. 물론 이런 것들이 처음에는 돈이 되지 않는다. 하지만 좋아하는 일에 투자하기 때문에 지치지 않고 즐겁게 해나갈 수 있다. 그리고 즐거운 일을 지속하다 보면 그 일은 내 첫 번째 수익구조였던 커리어수익과 맞물리는 접점이 발생하거나 새로운 수익구조를 만들어 내는 영역의 확장이 일어나면서 어느새 커리어수익으로 전환되곤 한다. 나는 이러한 수익을 미래를 위해 준비하는 비전수익이라고 말한다. 우리는 이처럼 잘할 수 있는 일로 번 돈을 좋아하는 일에 투자해야 한다. 그러면 결국 그 둘은 긍정적 시너지를 내며 새로운 파이프라인을 만들어 낸다.

마지막은 시스템수익, 바로 아바타수익이다. 잘할 수 있는 일, 좋아하는 일을 해나가는 과정을 기록하는 것만으로도 돈을 만들어 낼 수 있다. 네이버의 애드포스트, 구글의 애드센스, 그리고 다양한 제휴마케팅 플랫폼 등에 꾸준히 글을 쓰고 영상을 올리면 언젠가부터는 자연스럽게 돈을 벌 수 있는 기회가 열린다. 이런 시스템수익은 내가 자는 동안에도 나를 대신해 내가 쓴 콘텐츠를 소개하고 판매하는 영업사원의 역할을 한다. 잘 키워놓은 채널들이 어느새 일꾼이 되어 돈을 벌어주는 것이다.

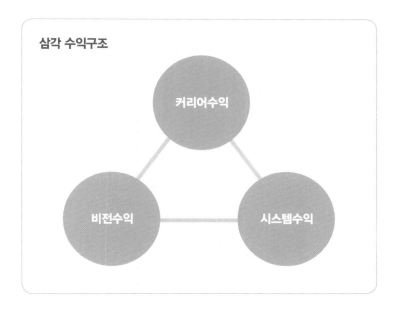

삼각 수익구조

커리어수익

비전수익

시스템수익

이렇게 커리어수익, 비전수익, 시스템수익의 삼박자가 갖춰지면 삼각 수익구조가 완성되는데, 이때부터는 안정적인 수익이 생기고 프리랜서지만 일정한 고정급을 유지할 수 있는 기반이 만들어진다. 그리고 이런 경제적 안정이 뒷받침되어야 비로소 마음의 여유가 생겨 내가 원하는 삶을 살 수 있게 된다.

한 우물만 파서 잘되는 시대는 지났다. 다양한 파이프라인을 구축하되 자신의 페르소나를 잘 지켜가며 브랜딩하는 노하우가 필요하다. 그리고 이를 통해 자기 영역에서 영향력을 갖추고, 더불어 드러나지 않는 곳에서 나를 대신해 돈이 벌리는 구조를 만들어 가야 한다.

커리어수익으로 몸값을 높여라

커리어수익은 앞에서 말했듯이 내가 잘할 수 있는 일로 구축하는 것이 가장 좋다. 그래야 돈을 쉽게 벌 수 있기 때문이다. 잘할 수 있는 일은 의외로 빠르게 발견된다. 내가 하는 일에 대한 칭찬과 인정하는 말에 귀를 기울이다 보면 더 빨리 찾을 수 있다. 나는 세일즈 블로그를 통해 물건을 팔면서 사람들이 "넌 뭐든 잘 팔아"라는 말을 그냥 지나치지 않았다. 그 결과 300여 가지가 넘는 제품과 서비스를 팔아 봤고, 지금은 '사람'이라는 브랜드를 상품화하고 파는 일까지 하고 있다. 그것이 내가 잘할 수 있는 일이다 보니 더 빨리 자리를 잡을 수 있었다.

그럼, 커리어수익을 좀 더 강화하기 위해 할 수 있는 일에는 어떤 것들이 있는지 구체적으로 살펴보자.

전문성을 보여주는 책 출간하기

우리의 커리어를 보여주는데 있어 가장 기본이 되는 것은 책을 쓰는 것이다. 요즘은 아무나 책을 쓰는 시대라고 하지만 그래도 한 분야의 전문적인 책을 쓴다는 것은 결코 쉬운 일이 아니다. 그래서 여전히 책을 냈다는 사실만으로 사람들의 관심을 받게 되고, 저자라는 타이틀이 생기고, 특히 베스트셀러 저자라는 타이틀이 붙으면 몸값이 올라간다.

업력과 학벌 높이기

업력 또한 무시할 수 없다. 나도 이제 한 분야에 몸담은 지 10년이 넘었는데 강사업계에서는 10년 차부터 석사를 졸업한 학벌과 동등한 업력을 인정받는다. 잘할 수 있는 일을 오랫동안 유지만 하더라도 내 몸값은 자연스레 올라가는 것이다. 이때 하나의 카테고리에서 오랫동안 반복적으로 노출되는 것이 중요하다. 그래야 사람들에게 인지되어 그 분야를 떠올릴 때 나라는 사람이 생각나는 대표성을 갖게 되기 때문이다.

다음은 학벌이다. 커리어수익을 높이려면 내 단위당 몸값을 올려야 하는데, 그 배경이 되어 주는 것에는 여전히 학벌이 있다. 학식과 견문이 있는 계층을 말하는 식자층의 반열에 들어가면 활동영역이 확실히 넓어지고 몸값도 올라간다. 반대로 아무리 업력이 길고 경력이 화려해도 학벌이 뒷받침되지 못할 때 여전히 색안경을 끼고 바라보는 부류가 존재한다. 시대가 바뀌었다고는 하지만 현장에서 느껴본 바로는 아직도 여전히 학벌의 벽은 존재한다. 실제로 섭외가 이뤄졌다가도 석사 졸업자가 아니라는 이유로 탈락했던 경험도 있다. 학벌이 중요한 것도 있겠지만, 좀 더 검증된 사람을 원했다고 생각하고 있다.

그래서 나는 29살 늦깎이에 공부를 다시 시작했다. 방송통신대학교에서 2년 동안 열심히 공부해 학사를 졸업하고, 국민대 글로벌창업벤처대학원에 진학해 2년 동안 시간과 비용을 들여 '석사'라는 학벌 한 줄을 만들었다. 실무에서 내가 주로 해왔던 분야는 마케팅이었지만, 소상공인과 스타트업 대표들과 만나 성장을 위한 컨설팅을 해보니 창업에 대해 너무 모르면 깊이 있는 상담이 어렵다는 것을 알게 되었다. 그래서 내가 잘하는 분야와 접목시켜 분야를 확장해 나갈 수 있는 학과를 선택해 내가 잘하는 분야를 조금 더 깊이 있고 넓게 만든 것이다.

그리고 결과는 바로 나타났다. 졸업한 지 1년도 채 되지 않아 창업 분야의 멘토링과 강의까지 분야가 확장되었고, 대학원에서 만난 선후배와의 네트워킹으로 인해 다양한 일을 소개받으면서 2,000만원 넘게 들인 등록금을 온전히 회수할 수 있었다. 또한 석사 졸업 이후 곧바로 서영대 경영학과의 시간강사가 되었고, 두 학기 만에 겸임교수가 되는 좋은 결과도 얻을 수 있었다.

나와 내 콘텐츠에 희소성 입히기

그 외 내가 커리어수익을 높이기 위해 했던 것들은 나와 내 콘텐츠에 대한 희소성을 만드는 것이었다. 그중 하나가 기관이나 기업에서 진행되는 강의 외에 일반인 누구나 들을 수 있는 공개 특강의 경우는 최소한의 횟수를 정하는 것이다. 언제 어디서나 늘 들을 수 있는 콘텐츠, 언제 어디서나 만날 수 있는 사람이 되면 내 가치가 떨어지기 때문이다. 그래서 나는 내가 주최하는 행사이거나 내 영역을 확실히 넓히고 가치를 인정받을 수 있는 곳을 직접 선택하여 그곳에서 최선을 다해 나의 콘텐츠와 내 존재감을 알린다. 그리고 "어떻게 하면 제인 씨를 다시 만날 수 있어요?"라고 묻는 분들에게 내 채널을 팔로우하게 해 다시 만날 수 있는 접점을 만든다.

미팅의 경우는 여유 있게 스케줄을 잡는 것이 원칙이다. 실제로 나는 최소 2주 정도의 스케줄이 꽉 짜여 있는 상황이라 가장 빠른 미팅을 정하더라도 2~3주 뒤에 약속을 잡을 수 있는데, 의도한 것은 아니지만 미팅 약속을 잡을 때 이렇게 이미 스케줄이 다 차 있다고 했을 때 상대방의 입장에서는 내가 '잘 나가는 사람'이라고 생각하게 된다. 자칫 이런 이미지를 안겨주는 것이 마이너스 요소가 될 것 같지만 실제로는 플러스인 경우가 더 많았다. 만나기 어려운 사람이라고 여겨 더 적극적으로 접근하게 되는 것이다. 물론 갑질을 하라는 건 아니지만 '잘 나가는 이미지'는 몸값을 올려주는데 좋은 역할을 한다.

온라인 강의에서도 마찬가지로 희소성을 높여야 한다. 강사의 입장에서는 당연히 많은 플랫폼에서 활동하는 것이 좋겠지만 나는 오히려 딱 하나의 채널에서만 내가 진행하는 전체 강의를 만날 수 있다는 컨셉을 잡았다. MKYU의 〈블로그 마케팅 비밀과외〉가 바로 그런 경우이다. 이렇게 나와 결이 맞는 확실한 채널을 선택해 그곳에서 안정적으로 자리를 잡아가는 것도 하나의 전략이다. '여기 아니면 안 되는 곳, 여기 아니면 못 만나는 사람'이 되어 플랫폼도 나도 함께 성장하는 방법을 찾은 케이스이다.

강의료 높이기

나는 나 자신을 브랜딩하는 것 외에 '사람북닷컴'에 소속되어 있는 작가들을 매니지먼트하는 일도 하고 있다. 작가들이 우리 회사의 서비스 중 가장 만족해 하는 것이 바로 '연락을 대신 받아주는 것과 함께 동행해 주는 서비스'이다.

보통 개인 강사의 경우 누군가가 전화를 대신 받아주는 사람이 있을 때 섭외하는 입장에서는 매니지먼트가 있는 만큼 더 잘 나가는 사람(그 사람에게 일정한 페이를 주고 사람을 쓸 수 있을 만큼의 수익 이상을 버는 사람)이라는 생각을 하게 된다. 나는 이 효과를 통해 우리 소속 작가들의 몸값을 최소 2배에서 많게는 4~5배까지 올렸다.

연락이 오면 먼저 그간 받아왔던 최고의 강사료(또는 그 이상)를 제시하고, 규모가 컸거나 누가 들어도 알만한 대표 경력 또는 연락을 준 곳에서 원하는 것과 비슷한 행사의 사례를 진행했던 경력을 어필해 우리 작가가 어느 정도의 규모를 감당할 수 있는 괜찮은 사람인지 소개하며 금액을 협상한다. 강연료나 출연료의 경우 기준을 인원 대비, 거리 대비, 시간 대비로 세분화해서 이야기하면 좋다. 예를 들어 30명 이내는 얼마, 서울 수도권까지는 얼마, 몇 시간까지는 얼마 등으로 말이다. 만약 기준보다 강사료가 낮을 경우 시수를 늘려 하루 전체의 금액을 높이거나, 시수를 줄여 시간당 비용을 높이거나, 교통비·숙박비 제공 등의 추가금액을 요청하거나, 교안작업이나 원고료 등의 추가 지원에 대한 요구를 통해 부가수익을 높일 수 있다.

실제로 이 방법을 통해 1회 차의 TV특강 방송 섭외를 4회 연속 방영으로 회차를 늘려 더 많은 출연 기회와 출연료를 받을 수 있었고, 지방 강의의 경우는 항공료와 숙박비, 픽업 서비스를 추가로 제공받아 강사와 함께 기분 좋게 강의 여행을 다녀오기도 했다.

오디오 플랫폼 활용하기

AI(인공지능)스피커가 대중화되며 다양한 오디오 콘텐츠 시장이 활발해지고 있다. 전달력 좋은 목소리와 더불어 나만의 전문성 있는 콘텐츠가 있다면 시리즈물로 기획해 나만의 팟캐스트 방송을 만들어 보는 것도 좋은 방법이다.

동화구연 전문가로 활동하는 양미선 작가는 '감자공주의 동화나라' '감자공주의 자장가동화 ASMR' 오디오클립을 통해 전래동화와 자장가동화 등을 읽어주는 방송으로 아이들과 엄마들의 마음을 사로잡았다. 꾸준히 방송을 이어온 결과 팬덤이 확장되며 이제는 직접 동화작가로 데뷔해 〈코로나야, 저리가!〉라는 창작동

양미선 작가인 '감자공주의 동화나라'
오디오클립

화를 제작하고, 방송의 오프닝·클로징 음원도 제작하고, 유튜버로 활동하는 등 콘텐츠 크리에이터로서 영향력을 더 넓게 펼쳐나가고 있다. 이처럼 내가 가진 콘텐츠가 오디오로 더욱 효과적으로 전달될 수 있다면 팟캐스트 제작에 도전해 보자.

또 만약 당신이 책을 좋아하고 목소리에 자신이 있다면 책의 스크립트를 정리하여 녹음과 편집을 해 '밀리의 서재'와 같은 오디오북 제작 및 유통 플랫폼을 통해 자신의 목소리를 판매할 수도 있다.

오디오 콘텐츠 활용 플랫폼

- 오디오클립　https://audioclip.naver.com/
- 팟빵　　　　http://www.podbbang.com/
- 밀리의 서재　https://www.millie.co.kr/
- 윌라　　　　https://www.welaaa.com/
- 스토리텔　　https://www.storytel.com/
- 무료 음원　　https://freesound.org/

정규과정, 정규모임 개설하기

당신의 콘텐츠를 직접 알릴 수 있는 정규과정이나 정기모임을 만드는 것도 커리어수익을 높이기 위한 좋은 방법이다. 누군가를 가르치다 보면 내 실력도 늘어나고, 그 과정을 통해 타인의 후기도 생성해 낼 수 있고, 정체되지 않고 꾸준히 활동하는 사람이라는 이미지도 구축할 수 있다. 특히 모임을 꾸준히 운영하다 보면 안정적인 팬덤이 구축되어 내 채널 자체가 플랫폼이 될 수 있다. 또 관심사가 같은 사람들이 다수 모이게 되면 그러한 고객을 필요로 하는 기업과 연결해 사업화할 기회를 만들 수도 있다. 요즘은 Zoom 화상회의시스템을 활용해 각자의 공간에서 비대면으로 만나는 다양한 모임과 강의가 개설되기도 한다.

《다시 요가》의 저자이자 발달움직임요가 전문강사로 활동하고 있는 김은희 대표는 자신의 집에 요가 강의를 위한 스튜디오

비대면 시대에 걸맞게 Zoom으로 진행하는 '요ZOOM, 요家' (출처 : @eunhee.memories)

룸을 만들고 수강생들은 각자의 집에서 Zoom으로 안전하고 편안하게 수업을 들을 수 있도록 '요ZOOM, 요家' 강의를 런칭해 정기적으로 수업을 진행하고 있다.

내가 운영하는 사람북 커뮤니티 방에서는 매달 21일 간의 습관을 만드는 '1일 1포 블로그 챌린지'가 진행되고 있다. 매회 60~70명이 참여하고, 21일 간의 글쓰기에 성공하면 1:10 줌 코칭을 받을 수 있는 블로그 글쓰기 습관을 만드는 챌린지이다(블로그 챌린지 참여 공지는 '사람북 커뮤니티방'(https://open.kakao.com/o/g8K7WmLc)에서 확인할 수 있다. 입장 비밀번호는 2013이다).

처음 시작할 때는 모객이 쉽지 않았지만, 회차가 거듭될수록 다양한 문제를 하나씩 해결해 가며 참여자들의 피드백을 반영해 시스템과 고정 수익의 안정화 방법을 찾았다. 참여자들이 원하는 것은 단기간 눈에 보이는 성과가 만들어지고 블로그 수익화 기회를 얻는 것이었다. 나는 이 부분을 고려해 미션 성공자들에게 직접 밀착 피드백을 제공하고 리뷰단, 공구 등의 수익화 기회를 만들어 냈다.

'블로그'는 내가 잘할 수 있는 가장 빠른 수익화의 길이기에 커리어 수익으로 정하고, 가장 적은 시간을 들여 높은 효율을 내고, 시스템을 통해 자동화되는 업무의 루틴을 만들고, 팬덤이 지속적으로 머물 수 있는 혜택을 마련해 나가고 있다.

참고로 정기모임은 시작할 때부터 너무 큰 기대를 가지고 해선 안 된다. 사람들에게 제대로 알려지기까지의 시간이 걸림을 인정하고, 지속적인 포트폴리오를 쌓아가는 것이 중요하다. 그리고 성공적으로 운영되고 있는 다양한 모임과 강의를 벤치마킹하는 등 제대로 된 준비가 필요하다.

이처럼 커리어수익은 내가 잘할 수 있고, 고객이 내게 원하는 것에 집중하면 된다. 그리고 상황에 맞는 적절한 요구를 통해 몸값을 올리고, 꾸준히 잘할 수 있는 일을 하면서 더 쉽게 돈 버는 방법을 찾아보면 된다.

정규과정과 모임을 만드는데 도움이 되는 플랫폼

- 재능 판매 사이트 '크몽'(https://kmong.com/)
- 전문가 매칭 플랫폼 '숨고'(https://soomgo.com/)
- 모임 및 행사 모객 페이지 구축 및 홍보 플랫폼 '이벤터스'(https://event-us.kr/) / '온오프믹스'(https://www.onoffmix.com/)
- 소규모 취향 모임개설 플랫폼 '남의 집'(https://naamezip.com/)
- 모집 페이지 작성 서비스 '네이버폼'(https://office.naver.com/)
- 모집 페이지 작성 서비스 '구글독스'(https://docs.google.com/)
- 온라인 화상회의시스템 'Zoom'(https://zoom.us/)
- 모임 앱(소모임, 소행성, 이모저모)

비전수익으로 미래를 대비하라

자신이 좋아하는 일을 하며 돈을 버는 비전수익은 우리에게 꼭 필요한 수익이다. 현재를 사는 것이 빡빡하다고 하지만 우리는 반드시 미래를 준비해야 한다. 특히 내가 좋아하고 지속할 수 있는 일로 말이다.

정말 좋아하는 일인지 확인하라

나는 어릴 적부터 오프라 윈프리가 롤모델이었다. 상처가 많았던 감당하기 힘든 어린 시절을 보내며 가난과 더불어 인종차별까지 받아야 했던 불편한 현실이었지만, 그녀는 스스로 자신이 원하던 자리를 찾았고 상처와 슬픔을 겪어봤기에 타인의 입장에서 상대방을 이해하고 공감하는 탁월한 능력을 지닐 수 있었다. 그리고 그로 인해 얻게 된 영향력을 통해 세상에 도움이 되는 일에 아낌없이 베풀면서 이제는 노블레스 오블리주의 대표적인 인물로 기억되고 있다.

나는 아시아의 오프라 윈프리 같은 사람이 되고 싶었다. 그래서 타고난 재능은 부족했지만 좋아하는 일을 꿈꾸며 언젠가는 해내겠다는 의지로 지난 7년 동안 내가 설 수 있는 토크쇼 무대를 직접 만들어 진행하며, 비전수익을 위한 커리어를 쌓아왔다. 그렇게 좋아하는 일에 투자한 지 4년 차가 되던 때부터 내 비전수익은 커리어수익이 되었다. 그리고 이제는 정기적으로 북토크쇼 MC를 의뢰하는 출판사도 생겼고, 내 방송에 출연하고 싶다고 먼저 참여 의사를 밝히는 저자들도 지속적으로 늘어나고 있다. 또 꾸준히 '커리어 쌓기'를 실천한 덕분에 이름만 대면 알만한 유명한 셀럽과 연예인, 인플루언서들과 같은 무대에서 강연가로 동등하게 설 수도 있었다.

잘할 수 있는 일로 번 돈으로 내가 좋아하는 일에 투자한 것이 결국 제 역할을 하게 되는 과정을 경험하며 나는 내 방식이 맞았다는 것을 검증할 수 있어 너무 기뻤다. 좋아해서 지속하다 보면 결국 잘할 수밖에 없게 된다. 하지만 여기서 중요한 것은 돈이 되지 않는 동안에도 꾸준하게 '쌓기'를 할 수 있을 만큼 지속할 수 있는 '정말 좋아하는 일'이냐는 것이다.

나의 영향력을 돋보이게 만들어야 한다

비전수익을 만드는 것이 중요한 또 하나의 이유가 있다. 퍼스널 브랜딩 측면에서 볼 때 나의 전문분야와 낯선 새로운 분야가 접목되었을 때 내 영향력을 더욱 돋보이게 만드는 특별한 것이 될 수 있기 때문이다

나는 취미로 노래를 만들며, 작사가이자 가수로 비전수익을 위해 끊임없이 포트폴리오를 쌓고 있다. 첫 번째 만든 노래는 'Think and Do'라는 곡이고, 두 번째 노래는 '사실 내성적인 사람입니다', 세 번째 노래는 '오늘 하루도 잘 살아온 나에게'라는 곡이다. 그리고 이 책을 출간하며 만든 '생각대로사는여자'라는 곡이 네 번째 노래이다.

내가 이렇게 꾸준히 노래를 만드는 목적 중 하나는 남과 다른 차별화된 강연가가 되고 싶기 때문이다. 내가 만든 노래에는 모두 내 삶의 모토와 사람들에게 전하고 싶은 메시지가 담겨 있다. 네 노래 모두 곡을 기획하면서부터 강연의 소재에 맞게 작사를

했다. '음악이 있는 강연'을 위한 준비였다. 실제로 강연의 마무리에 내가 노래를 만든 사연을 이야기하며 직접 작사한 노래를 부르며 강연을 마무리할 때가 있는데, 그때마다 큰 박수가 나온다. 전업가수도 아니고 노래도 잘하지는 못하지만 하고 싶은 것을 마침내 해내며 수줍게 무대에 선 내 모습에 많은 사람들은 감동과 자극을 받는다. 실력 있는 가수가 자기의 이야기를 하는 경우는 흔하지만, 음악적 지식이 전혀 없는 사람이 강연을 위한 노래를 만드는 것은 드물기 때문이다. 꿈이 있으면 망설이지 않고 반드시 해내는, 현실에서 꿈을 이루고 생각대로 사는 모습 자체가 내가 가진 차별성이고, '생각대로 사는 여자'라는 내 브랜드를 증명하는 순간이다.

그 외에도 나는 비전수익을 위해 디지털 드로잉도 배우고 있다. 그림을 보는 것을 좋아하고 예술가에 대한 동경이 있는 나는, 정말 현실적인 사람이지만 내 안에 예술가의 피가 꿈틀거리는 것을 자주 느낀다. 노년을 보내는 나의 모습을 상상해 보면 그림을 그리고, 노래를 만들고, 책을 쓰고, 사람들을 불러 모아 이야기보따리를 풀어놓는 이야기 할머니가 떠오른다. 나는 그런 날을 대비해 그에 필요한 기술과 경험, 그리고 네트워크를 하나하나 채워 가며 미래를 준비하고 있다.

　　지금 내가 운영하는 '사람북 아지트'라는 공간은 미니 갤러리와 독립서점, 30명 규모의 인원이 모일 수 있는 홀, 방음이 가능한 녹음 스튜디오가 있는 복합문화공간이다. 언제든 내가 꿈꾸는 삶을 현실로 만들 수 있는 꿈의 공간으로, 내가 직접 그림 그리고 기획해 그동안 벌어들인 수익을 과감히 투자해 만들어 낸 곳이다. 갤러리에는 무료로 아티스트의 전시를 지원하고 있다. 예술가들과 가까이 하고 싶은 내 바람이 담긴 야심찬 아이디어였다. 꿈을 꾸기만 하는 것이 아니라 늘 방법을 찾아 실행에 옮기는 습관은 내게 현실에서 꿈을 이루게 만드는 큰 원동력이 되었다.

　　지금 당장의 눈앞의 이익만 쫓지 말고, 당장 눈에 보이지 않는다고 쉽게 포기하지 말고, 구체적으로 그림을 그리고 계획을 세워 도전하기 바란다. 내가 지금 투자하는 것이 나중에 어떻게 커

리어수익으로 전환될 수 있을지, 그리고 그 확률을 높일 수 있는 방법은 무엇인지 끊임없이 고민하며 나를 마케팅하고 성장시키는 플랜을 짜보자.

시스템수익으로 잠잘 때도
돈이 벌리는 구조를 만들어라

우리의 체력과 에너지는 한계가 있다. 나이가 들수록 마음만큼 몸이 따라주지 않을 뿐더러, 건강을 믿고 무리를 했다간 오히려 모든 것이 스톱되어 버리는 상황을 겪을 수도 있다. 게다가 사업가, 프리랜서, 강사, 연예인과 같은 사람들의 수익은 늘 들쑥날쑥하다.

스노우폭스 김승호 회장의 《돈의 속성》에는 정규적인 수입과 비정규적인 수입에 대해 이야기한 부분이 있는데, 비정규적인 수입을 하루빨리 일정한 소득으로 옮겨놓지 않으면 결국 정규적인 수입을 소유한 사람들 아래로 빨려 들어가고 만다고 경고한다. 또 규칙적인 수입이 있어야 미래 예측이 가능하고, 그게 가능해야 갑자기 만나게 될 리스크를 제어할 수 있다고 말한다.

나는 일찍부터 수입이 불규칙적인 것에 대한 고민을 많이 했다. 나에게는 절실한 생계의 문제였기 때문이다. 그래서 직장인은 아니지만 사업가로서 또 프리랜서로서 고정급을 만들 수 있는 다양한 것에 도전했다. 나는 이를 시스템수익 또는 아바타수익이라고 부른다. 나 대신 나를 위해 움직여 주는 수익구조를 만들어 내가 아무것도 하지 않을 때에도 나를 대신해 일해 주는 것이다.

광고수익

시스템수익을 만들기 위해 지금 바로 할 수 있는 가장 쉬운 것 중 하나는 광고수익이다. 블로그에 글을 쓰거나 유튜브에 영상을 올리는 것만으로도 광고수익을 얻을 수 있다. 평소의 습관이 돈이 되는 것이다. 광고수익을 얻을 수 있는 곳은 애드포스트와 애드센스가 대표적이다.

애드포스트(https://adpost.naver.com/)는 네이버 플랫폼에 꾸준히 글을 쓰는 것만으로도 수익을 창출할 수 있고, 내 노력에 따라 더 많은 수익 창출이 가능한 서비스이다.

회원 가입은 누구에게나 열려 있지만, 실명 인증 또는 사업자 인증 및 미디어 등록이라는 절차를 거쳐야 광고수익이 창출되는

데, 네이버 블로그, 포스트, 밴드, 인플루언서 홈을 운영하는 사람 중 일정 기간 동안 직접 작성한 글이 어느 정도 누적되어 있어야만 승인이 가능하다. 광고가 승인되면 내가 쓴 글의 중간 또는 하단에 광고 배너 박스가 달리고 그 광고에 클릭이 발생하면 콘텐츠 제작자에게 수익이 창출된다.

네이버 블로그의 중간 또는 하단에 만들어지는 광고 (애드포스트 광고)

애드센스(www.google.co.kr/adsense/start)는 애드포스트와 같은 개념의 광고수익을 얻을 수 있는 구글의 광고 프로그램이다. 티스토리, 워드프레스 블로그 등을 운영하거나 유튜브에서 광고수익을 얻기 위한 사람들이 많이 이용하고 있다. 애드센스는 애드고시라는 말이 있을 만큼 광고 승인이 어렵다. 블로그에는 한 가지

분야의 전문적인 정보성 포스트로 양질의 콘텐츠를 꾸준히 쌓아
가야 등록 승인을 받을 수 있다.

유튜브에서 광고수익을 얻기 위해서는 구독자 1,000명과
4,000시간 시청이라는 기준을 넘어야 한다. 어찌 보면 그리 큰 숫
자 같아 보이지 않지만 실제 운영해 보면 정말 많은 노력이 필요
한 기준이다. 나는 이 기준을 넘기 위해 유튜브를 잘하고 싶거나
잘하고 있는 사람들의 네트워크에 소속되어 많은 도움을 받았다.
그리고 지금도 초보 유튜버들이 서로 응원하며 품앗이 시청 및
좋아요, 댓글 응원을 하며 성장하는 이상훈 소장의 '유튜버스' 그
리고 서울산업진흥원 SBA에서 운영하는 '크리에이티브포스'에서

활동 중이다. 이처럼 공동의 목적을 가지고 있는 사람들의 그룹에 들어가 자극을 받는 환경을 만들면 조금 더 빨리 목표에 다가갈 수 있다.

제휴마케팅

제휴마케팅은 내가 가진 플랫폼을 활용해 기업에게 필요한 방문자 유입과 매출을 발생시켜 주면 그에 따른 수수료를 보상받는 마케팅 방식이다. 예를 들어 내가 쓴 블로그 리뷰에 달린 배너를 클릭하고 상품을 구매한 사람이 있다면 그 매출에 대한 일부를 수수료로 지급받는 것이다.

대표적인 제휴마케팅 사이트

- **쿠팡파트너스** https://partners.coupang.com/
- **아이라이크클릭** http://home.ilikeclick.com/
- **디비디비딥** http://www.dbdbdeep.com
- **링크프라이스** https://www2.linkprice.com/
- **애드픽** https://www.adpick.co.kr/
- **텐핑** https://tenping.kr

나는 책 리뷰를 쓸 때 '텐핑'이라는 제휴마케팅 어플을 통해 예스24의 도서 링크를 추적 가능한 URL로 변환시켜 블로그에 구매 관련 배너를 삽입해 놓는다. 그리고 블로그 방문자가 배너를 통해 도서를 구입할 경우 나에게 3.5%의 수수료가 지급된다. 나는 책과 관련된 활동을 많이 하고 있어 블로그에 책을 소개하는 것이 낯설지 않고, 내가 실제로 읽고 도움이 된 책을 진정성 있게 소개하기 때문에 팬들에게 거부감을 주지 않으면서 수익을 창출시킬 수 있다.

도서 리뷰를 할 때 제휴마케팅 사이트를 통해 도서를 구매시 판매수수료가 지급된다

일반적인 일상 콘텐츠의 경우에는 할인조건 등의 딜이 좋은 생필품을 블로그에 소개하며 소셜커머스 또는 오픈마켓의 제휴

마케팅 URL을 연결해 방문자에게 좋은 정보와 더불어 나에게 수익이 창출되는 구조를 만들어 주면 좋다. 단순히 글을 쓰면서 링크 하나만 바꿔줄 뿐인데, 그 글로 인해 꾸준하게 수익이 창출되어 쏠쏠한 기분을 느끼게 될 것이다.

이때 생성된 제휴마케팅 링크를 SNS에 직접 삽입하지 말고 비틀리(http://bitly.com) 숏링크 변환기를 활용해 링크를 변경한 뒤 사용하거나 글자에 하이퍼링크를 넣어 URL을 삽입하는 방식으로 유도하는 것을 추천한다. 낯선 URL의 제휴마케팅 링크는 스팸으로 생각할 수 있기 때문이다.

또 하나 주의할 점은 네이버에서는 제휴마케팅을 위한 포스팅이 너무 많아지면 블로그 환경 자체가 상업적으로 변질된다고 여겨 제휴마케팅 링크가 달린 글을 누락시키는 등의 액션을 취하기도 한다. 예를 들면 쿠팡파트너스의 링크를 블로그에 직접 삽입했을 때 글이 누락되기도 한다. 이런 경우에는 다음과 같은 방법을 추천한다.

1 제휴마케팅 글이 들어간 카테고리를 따로 구분하여 운영해 혹시 모를 누락이나 카테고리 노출 제한이 생기는 것을 방지한다. 프롤로그 설정이나 공지글, 대표글 설정 등을 활용해 더 빠르게 게시글을 노출시킬 수 있다.

2 블로그 메모 게시판을 활용해 상업적인 글은 메모 게시판에 작성하고, 본

게시판에는 순수한 구매 리뷰를 통해 메모 게시판 글로 이동시켜 거기에 서 제휴마케팅이 일어나게 한다.

3 하나의 블로그를 더 만들어 그쪽에 제휴마케팅 링크를 걸고 쇼핑몰처럼 상세페이지를 볼 수 있게 해주고, 실제 구매 후기는 본래 계정에 작성해 고객의 클릭이나 액션을 일으키는 계정과 순수한 구매 후기 계정을 분리 운영한다. 다음 후기 링크를 통해 두 개의 블로그를 활용해 글을 연결한 사례를 참고해 보자.

그 외에 블로그 위젯을 활용해 제휴마케팅 배너를 설치하는 방법도 있다. 이 경우는 우리가 보통 보도자료를 보다가 광고 배 너를 클릭해 들어가는 것과 같은 효과를 주는데, 내 블로그 주제 와 잘 맞는 추천상품의 제휴마케팅 배너를 설치하면 구매로 이어 지기 쉽다.

이러한 제휴마케팅을 할 때 주의할 점은 많은 수익을 얻기 위해 한다기보다, 내 블로그의 방문객에게 더 편리하고 빠른 정보를 제공한다고 생각하고 양질의 콘텐츠를 작성하기 바란다. 단순히 돈만 벌기 위해 기계처럼 작성하는 포스팅은 매력도가 떨어지기 때문이다.

스마트스토어, 타오바오 구매대행

네이버 스마트스토어는 쇼핑몰과 블로그의 장점을 결합한 블로그형 원스톱 쇼핑몰이다. 네이버의 다양한 판매 영역과 검색 영역에 상품을 노출할 수 있어 이용자의 접근성이 좋고, 네이버페이 결제수수료를 제외한 추가 운영비가 없어 안정적이고 합리적이다.

스마트스토어에 상품을 업로드하고 나면 내가 자는 동안에도 내 온라인 숍이 365일 24시간 돌아간다. 하지만 누구나 스토어를 만들 수 있다는 낮은 진입장벽 때문에 많은 수익을 올리는 사람은 극소수이다. 그리고 치열한 경쟁으로 인해 마진 폭이 너무 작아 큰 수익을 내기 어렵다는 지적도 있다. 나 역시 스마트스토어를 운영하고 있는데, 시스템에 적응되고 좋은 아이템을 선점할 수 있다면 충분히 좋은 플랫폼이라 생각한다.

　최근 들어 수익률이 높다고 소문이 나며 타오바오 구매대행이 인기를 끌고 있다. 중국의 아마존닷컴이라고 불리는 타오바오는 중국어를 몰라도 판매자의 후기 수나 평점을 보고 상품을 고를 수 있고 한국어가 가능한 중간거래업체를 통해 배송이나 통관을 쉽게 할 수 있어 투잡을 원하는 일반인들에게 유행하고 있다. 이쪽 분야는 관련된 강의나 코칭, 유튜브 자료가 넘쳐나는 편이라 관심을 갖고 공부한다면 충분히 독학으로도 따라갈 수 있다

스마트스토어, 구매대행 관련 강의 제공 플랫폼

- 네이버 파트너스퀘어
  https://partners.naver.com/
- 탈잉
  https://taling.me/
- 클래스101
  https://class101.net/
- 신사임당 유튜브
  https://www.youtube.com/c/신사임당_korea/featured

공동구매, 라이브커머스

자신의 블로그 숍, 인스타 숍 등을 활용해 팬들에게 직접 상품을 판매하는 공동구매와 라이브커머스 플랫폼을 이용한 실시간 판매도 안정적인 시스템수익을 창출할 수 있는 방법이다. SNS 숍의 경우 인플루언서가 추천한 제품에 대한 사용경험이 늘어나면 늘어날수록 팬들에게 '이 사람이 추천하는 물건은 믿을 만하다'라는 인식이 생기며 이후의 판매는 더 쉬워지게 된다.

특히 최근에는 실시간 방송으로 상품을 소개하고 판매하는 모바일 홈쇼핑 형태의 라이브커머스(줄여서 '라방')가 주목을 받고 있다. 온라인쇼핑에 익숙한 MZ세대들이 실시간으로 스마트폰에서 영상으로 확인하며 소통할 수 있다는 점에서 인플루언서들의 관심도 많아지고 있다.

여성의류를 판매하는 '리얼참'의 김참 대표는 쇼호스트를 했던 경력을 살려 '그립'과 네이버 라이브커머스 플랫폼인 'N쇼핑라이브'를 활용해 30~40대 여성을 대상으로 다양한 제품군을 판매하며 자신의 영향력을 펼쳐 가고 있다. 두 아이의 엄마라는 친근감과 자신이 직접 먹고 입고 쓰면서 느낀 상세한 사용자 경험을 전달하다 보니 진정성이 느껴져 SNS 계정과 방송을 구독하는 팬이 점차 늘어나고 있다.

공동구매와 라이브커머스는 모두 일정한 기간 제한을 두고 판매한다는 점, 기존 가격보다 좋은 딜을 제공한다는 점, 소비자가 궁금한 것을 바로 묻고 제품에 대해 빠른 답을 들을 수 있다는 점에서 소비자의 빠른 결정과 구매촉진을 일으킬 수 있다는 장점이 있다. 중국에서는 왕홍들의 라이브커머스 성공사례가 엄청나게 많이 있지만 우리나라는 라이브 커머스가 활성화된 지 그리 오래되지 않았기 때문에 앞으로의 시스템수익을 위해 많이 공부하고 투자하기를 권한다.

> **라이브커머스 플랫폼**
> - N쇼핑 라이브　https://shoppinglive.naver.com/home
> - 라이브 쇼핑 앱 '그립 Grip'
> - 라이브커머스 앱 '더립 The LIP'
> - 라이브 쇼핑 앱 '잼 라이브 JAM LIVE'
> - 카카오TV 라이브 앱 'Kakao TV Live'
> - 개인 라이브 쇼핑 방송 앱 '푸딩'

인플루언서 마켓

얼마 전 유튜브 뒷광고로 인해 엄청난 폭풍이 일어났다. PPL 요청이 들어왔을 때 광고일 경우 반드시 '광고'라고 표기해야 하는데, '내돈내산(내 돈 주고 내가 산)' '직접 주문한' '내가 직접 고른' 것이라며 시청자를 속인 것이 문제가 된 것이다. 시청자는 자기가 꾸준히 팔로우하던 인플루언서가 자기 이름을 걸고 추천한 것을 신뢰하며 지갑을 연다. 그렇다 보니 사실 뒷광고가 문제가 된 것은 돈 때문이라기보다 인플루언서에게 믿음을 준 사람들의 마음에 상처를 입었기 때문일 것이다.

어느 정도 채널이 성장해 영향력이 생기면 많은 기업에서 브랜디드 콘텐츠나 광고 제안이 들어온다. 이때 인플루언서가 항상 염두에 두어야 할 것은 우리를 믿어주는 팔로워이다. 광고를 하는 기준이 돈이 아니라 '정말 나라면 이걸 살까?' '필요할까?' '도움이 될까?'라는 생각을 가지고 광고 제안을 받아들이고, 이후에는 마음을 다해 추천해야 한다.

인플루언서는 소비자와 제조사, 기업과의 가교역할을 하는 중요한 존재이다. 좋은 상품과 서비스를 합리적인 가격에 만날 수 있도록 돕는 서포터이기도 하다. 단순히 상품을 파는 것이 아니라 나라는 이미지를 함께 판매하는 것이기 때문에 내가 첫 번째 고객이 되어도 마땅히 행복할 수 있는 제품과 서비스를 소개해야 한다. 적어도 이 기준 하나만 가지고 간다면 인플루언서 커머스 시장도 더 건강하게 발전할 것이다.

영향력이 생기면 많은 곳에서 판매와 관련한 협업 제안이 오겠지만, 반대로 내가 원하는 기업을 먼저 찾아 나서는 것도 방법이다. 내 브랜드의 결에 맞는 제품과 서비스를 만나 함께 성장해가는 것이다. 다음은 최근 활발하게 운영되고 있는 인플루언서 커머스 플랫폼이다.

인플루언서 커머스 플랫폼

▪ 핫트

핫트는 소셜빈이 2018년 말 개발한 인플루언서 커머스 플랫폼으로, 소셜빈에 속한 인플루언서들이 핫트에서 엄선한 제품을 직접 검증한 뒤 SNS를 통해 경험을 공유하고 판매까지 진행하도록 돕는다. 인플루언서는 각자의 SNS를 통해 판매된 제품에 대해 일정비율의 수수료를 가져가고, 제조업체는 광고비 없이 홍보와 판매까지 함께할 수 있어 양쪽 모두 이득을 볼 수 있다.

▪ 마플샵

마플샵은 크리에이터, 인플루언서, 아티스트들이 상품을 만들지 않고도 직접 디자인한 굿즈를 판매할 수 있도록 상품제작, 배송, CS, 재고관리를 맡아주는 커머스 쇼핑몰이다.

▪ 하트잇

하트잇은 패션 인스타그래머들이 자신이 추천하는 패션 아이템을 판매하는 인플루언서 커머스 몰이다.

▪ SNS폼

SNS마켓, 블로그마켓, 무료쇼핑몰, 페이스북, 인스타그램 제품 태그를 연동할 수 있는 쇼핑 링크를 제공하여 주문, 배송, 매출, 정산관리를 도와주는 플랫폼이다.

출판 (전자책, PDF 출간)

전자책과 종이책의 출판 또한 시스템수익이다. 책 출간은 초반에 엄청난 시간이 필요하긴 하지만, 책이 완성되면 내가 외부 활동을 꾸준히 하는 동안에도 판매가 꾸준히 일어나 나에게 '인세'라는 시스템수익을 제공해 준다. 특히 최근에는 PDF 출간이 유행인데, 너도나도 숨겨져 있는 지식과 나만 알고 있던 꿀팁을 PDF라는 형식을 통해 세상에 내놓고 있다. 10~30페이지밖에 안 되는 분량이어도 사람들은 자기에게 꼭 필요한 정보라고 느끼면 그 가치를 인정해 기꺼이 투자한다.

전자책 및 PDF 매뉴얼 판매 사이트
- 크몽   https://kmong.com/
- 부크크   https://www.bookk.co.kr/
- 이페이지   https://epage.co.kr/

퍼스널 브랜딩 전문가 김인숙 대표는 오랫동안 책을 출간하기 위해 원고를 준비하고 있었는데, 막상 출간을 앞두고 보니 너무 특화된 전문적인 지식을 담고 있어 서점에 유통하는 책으로는 시장성이 작다고 판단하고 '텀블벅'이라는 크라우드 펀딩 사이트를

통해 직접 개발한 강의용 워크시트를 모아 펀딩했다. 그리고 그 책은 800% 넘는 성과를 기록하며 대박이 났다.

정식 기획출판을 했다면 최대 10%의 인세를 받았을 테지만 직접 펀딩한 결과 인쇄비와 배송비를 제외한 모든 수익이 자신에게 돌아왔다. 물론 이런 결정을 내릴 수 있었던 것은 바로 자신의 영향력에 대한 믿음이 있었기 때문이고, 자신이 운영하는 '뭐해먹고 살지'라는 유튜브 채널을 통해 꾸준히 활동하며 모아온 팬덤이 있었기 때문일 것이다.

크라우드 펀딩 사이트

- 와디즈　　　　https://www.wadiz.kr/
- 텀블벅　　　　https://tumblbug.com/
- 크라우디　　　https://www.ycrowdy.com/
- 오마이컴퍼니　https://www.ohmycompany.com/

온라인 강의 및 콘텐츠 판매

다음으로 추천하고 싶은 것은 온라인 강의이다. 내가 가진 콘텐츠가 강력하다면, 그것을 온라인 강좌로 만들어 나 대신 강의를 뛰게 하면 된다. 현재 다양한 온라인 강의 플랫폼이 존재하는데, 잘 기획된 콘텐츠는 사람들의 후기를 타고 국내 거주자뿐 아니라 해외 교민들을 통해서도 소비된다. 더 넓은 시장에서 고객을 만날 수 있는 것이다.

나 역시 MKYU에서 런칭한 20강의 〈블로그 마케팅 비밀과외〉 온라인 강의를 통해 단 4개월 만에 5,000명이 넘는 수강생을 만나며 큰 수익을 올릴 수 있었다.

일하는 사람들의 콘텐츠 구독 서비스 퍼블리(https://publy.co/)와 여러 명의 인플루언서 에세이 작가들의 신선한 글을 매일 아침

샛별 배송하는 북크루(https://www.bookcrew.net/) 서비스는 콘텐츠 구독 서비스의 대표적인 기업이다. 내 콘텐츠가 양질의 내용을 담고 있거나 희귀하거나 매력적이라면 이런 새로운 플랫폼을 통해 콘텐츠를 유통하여 수익을 올릴 수도 있다.

이 외에도 스톡사진, 이모티콘, 웹툰, 캘리그라피, 일러스트 등 자신이 직접 그리고 찍고 디자인한 것들을 유통할 수 있는 다양한 플랫폼들도 존재한다. 그리고 이러한 수익들은 당신이 잠자는 동안에도 영업사원이 되어 당신을 대신하는 아바타로 최선을 다해 일할 것이다.

에이전시 사업

한 분야에서 계속 영향력이 쌓이고 일이 늘어나다 보면 혼자 감당 가능한 영역을 넘어서게 된다. 그래서 나는 같은 분야에서 일하는 분들과 좋은 관계를 유지하며 그들의 일을 소개하고 연결하는 에이전트 계약을 맺고, 일종의 영업비에 해당하는 수수료를 받는 구조를 만들었다. 강의 일정이 겹치거나 부득이 사정이 생거 내가 할 수 없는 상황이라면 이 기회를 놓치지 않고 가능한 사람을 소개해 주면서 교육담당자에게는 신뢰를 얻고, 시간이 비어 있는 강사는 강의가 생기고, 나는 일하지 않고도 수수료가 생길 수 있었다.

그 외에 나는 저자, 강연가로 행사에 초청받는 경우가 많은데, 좋은 취지의 행사인 경우 담당자에게 내가 가진 네트워크 자산에 대해 어필하며 우리 회사 소속 작가들을 소개하고 다음 행사의 게스트로 추천하며 일을 성사시키곤 한다. 얼굴도 한 번 본 적 없는 낯선 곳에 수백 통의 제안서를 보내는 것보다 한 번이라도 나를 경험하고 신뢰하는 곳에 자연스럽게 영업을 하면 성공할 확률이 월등히 높아진다. 이를 통해 우리 회사의 인지도뿐 아니라 내 주변인들의 성장도 돕고 나 역시 돈을 벌 수 있는 시스템이 만들어질 수 있었다.

이렇게 시스템수익이 만들어지면 비로소 안정적인 삼각구도의 수익구조가 나온다. 자신의 전문성과 스펙, 잘할 수 있는 것으로 돈을 버는 커리어수익, 특별한 나를 만들기 위해 즐거운 일에 대한 투자로 미래를 준비하는 비전수익, 그리고 마지막으로 내가 잠시 쉬어갈 수 있는 휴식과 심리적 안정을 위해 나를 대신해 일을 해주는 아바타가 만들어 주는 시스템수익, 이 세 가지를 만들 수 있는 방법에 대해 늘 고민하자.

인생에서 갑이 되려면 우선 나의 생계를 먼저 지킬 수 있어야 한다. 나를 지키고 내 가족을 지켜내는 경제력이 내 삶을 지키는 자존감일 수 있다. 경제적 안정이 있어야 심리적 여유가 생기고 그 여유로 인해 꿈꾸고 생각할 수 있는 여력이 생긴다. 그날이 오기까지 당연히 시간이 걸릴 테지만 미래의 성공한 내 모습을 그리면서 지금 당장 할 수 있는 일부터 시작하자.

아무것도 하지 않으면 아무 일도 일어나지 않는다.
모든 일은 시작하기에 시작된다.
그러니 Think and Do 해보자.

수익의 일부는 공부에 재투자하라

'그대가 내일 죽는 것처럼 살아라.

그대가 영원히 살 것처럼 배워라.'

이 말은 인도의 정신적 지도자 마하트마 간디가 한 말인데, 내가 가장 좋아하는 말 중 하나이다. 나는 공부를 너무 일찍 시작했다 일찍 포기했고, 스물아홉이 되어서야 다시 펜을 들었다. 그리고 이때부터의 공부는 누가 시켜서 한 공부가 아니라 내가 원하고 필요해서 한 공부였다. 원하는 공부를 하니 결과가 나왔다. 배움은 변화를 이끌어 내야 진짜 배움인 것이다. 29살 이후의 공부는 내 돈으로 했다. 엄마 아빠가 주신 돈, 누군가 내준 돈으로 공부할 때는 진정한 배움이 일어나지 않았다. 간절함이 없었기 때문이다. 진짜 공부를 내 것으로 만들고 싶다면 자신의 돈으로 하라고 권하고 싶다. 그리고 나에게 진짜 필요하고 원하는 것을 배우면 그 배움은 관심을 넘어 덕질이 가능하게 하고, 그 덕질은 나에게 돈을 만들어 줄 것이다.

함께하는 배움은 시간을 줄여준다

세상이 너무나 빠르게 변하고 있다. 어제의 정답인 것들이 오늘은 오답이 되는 세상이다. 그러한 세상을 아우르려면 우리는 끊임없이 배워야 한다. 언택트 시대를 맞아 모두가 Zoom 화상회의시스템을 배우고, 모두가 유튜브 크리에이터를 꿈꾸는 시대가 되었다. 배우지 않으면 그대로가 아닌 세상이다. 나는 그대로 있는데 모두가 한 발자국씩 앞으로 나가면 나는 뒤로 후퇴하게 되는 것이다. 그래서 우리는 배움에 반드시 투자해야 한다.

배움은 특히 우리의 시간을 줄여 준다. 타인의 앞선 경험 덕분에 우리의 시행착오를 줄일 수 있기 때문이다. 혼자 독학해도 물론 얻어낼 수 있지만 나는 그보다 시간을 줄이는 방법을 택했다. 선생님과 함께하는 것이다. 그 단축한 시간만큼 내가 원하는 것을 더 빨리 얻을 수 있기 때문이다.

나는 이 세상에 스승님을 많이 두고 있다. 사제관계로 맺어진 인연은 쉽사리 깨지지 않는다. 누군가를 가르칠 수 있는 사람이 되는 것은 쉬운 일이 아니다. 자기만의 가르치는 노하우가 담긴 매뉴얼이 완성되는 과정은 정말 고되기 때문이다. 나 또한 그 고된 과정을 경험해 왔기에 누군가의 지식을 내 것으로 만드는 것에 늘 감사함을 듬뿍 담고 성실한 학습자의 자세로 그분이 갈고 닦아온 소중한 지식을 품는다.

인생의 스승님을 만들고, 내가 할 수 있는 최선을 다해 배움을 구하면 수업 외의 시간에도 당신은 다른 사람들보다 더 많이 얻을 수 있다. 내가 가진 것을 가치 있고 감사히 여겨주는 사람에게 우리는 똑같이 감사함을 느낀다. 내 가치를 알아봐 주는 이들에게는 모든 것을 다 퍼주고 싶어진다. 그래서 스승님과 함께하는 것은 똑똑하게 배움의 효율을 높이는 방법이다.

간디의 말처럼 오늘 죽을 것처럼 살고, 영원히 살 것처럼 배우자. 그리고 그 배움을 영향력으로, 돈으로 만들자. 누군가의 지식을 귀하게 대할 줄 아는 사람은 자신이 투자한 돈이 아깝지 않을 것이다. 내 지식을 귀하게 여겨주기 바라듯 우리도 타인의 지식을 귀하게 여기자. 그렇게 배움의 가치를 인정해 줄 때 우리의 배움은 그 진가를 발휘할 것이다.

사람이 가장 큰 재산이다

인스타그램에서 종종 소통하던 한 분이 어느 날 '저의 버킷리스트 중 2020년에 박제인 대표님을 뵙는 게 있는데, 꼭 뵙고 싶어요'라고 댓글을 달았다. 댓글을 보자마자 나는 그 아래에 '그 버킷리스트 바로 이뤄 드릴게요'라고 답변을 달고 DM을 통해 그분과 만나는 약속을 잡았다. 그리고 그분을 집으로 초대해 티타임을 즐기며 소소한 만남의 시간을 가졌다. 그분은 전날 잠을 못 이룰 만큼 설레었다며 발그레한 얼굴로 내게 마음을 표현해 주며 나를 얼마나 잘 알고 있는지에 대해 이야기했다. 블로그에 쓴 글, 누구와 방송했던 인터뷰에서 말했던 내용, 내가 아이를 사랑하는 마음 등등 그동안 자신이 지켜봐 왔던 나에 대한 관심과 응원을 이야기해 주었다. 그리고 늘 사람을 상대하고 리더의 역할을 해야 하는 상황도 이해하지만, 사실 내면에서의 약한 모습도 글 속에서 보았다며 자신과 비슷한 모습을 보고 기도를 통해 나를 위로해 주고 응원해 주고 있었다고 했다. 일면식도 없는 SNS 친구일 뿐인데 기도로 나를 묵묵히 응원해 주고 있다는 말을 듣자 울컥하는 마음과 더불어 감사함이 밀려왔다.

나는 유명한 사람도 아니고 대단한 사람도 아니고 타인을 위해 사는 사람도 아니다. 지극히 개인주의에 '내가 가장 중요한 사람'일 뿐인데도 내가 내 삶을 잘 살아가는 것 자체에 누군가는 영향을 받고 자신의 꿈과 삶에 변화가 되었다는 이야기를 들을 때마다 나는 가슴 벅찬 마음과 더불어 소명감을 느낀다. 그리고 그런 분들이 있기에 지금보다 더 멋진 삶을 살아야겠다는 의지가 불타오른다. 그분에게는 버킷리스트가 이루어진 날이었겠지만, 나에게는 삶의 원동력을 얻었을 뿐 아니라 한 사람의 기도와 응원이라는 든든한 재산이 생긴 날이었다.

좋은 사람이 모인 곳에 좋은 에너지가 모인다

아주대 심리학과 김경일 교수님의 세바시 강의 〈한국인이 꼭 알아야 할 칭찬의 방법〉을 재미있게 본 적이 있다. 한국인은 자기

소개를 하라고 하면 '자기 관계 소개'를 하고, 유일하게 전 세계적으로 '나'라는 주어를 쓰지 않고 '우리'라는 주어를 쓴다는 것이다. 예를 들어 '우리 와이프' '우리 여자친구'처럼 말이다. 이는 자아의 경계가 관계에 의해 훨씬 더 유기적으로 이어져 있는 '관계주의 문화'이기 때문이라고 한다. 이렇게 우리는 원래부터 관계가 중요한 사람들이었다.

온라인이 발달되어 갈수록, 사람들이 점점 더 빠르게 연결되어 갈수록 세상이 점점 투명해지고 있다는 것을 느낀다. 그러다 보니 평판이 좋은 사람들은 살아남고, 아닌 사람들은 점점 도태되어 간다. 돈을 쫓는 것이 아니라 평판이 좋은 사람들을 쫓아 관계를 맺어가는 것이 중요한 세상이 된 것이다. 좋은 사람들이 모인 곳에는 좋은 에너지가 모이고, 좋은 에너지를 가진 곳에는 크고 작은 투자가 이루어진다. 나라는 사람이 단순히 나 하나로 평가되던 시대는 지났다. 내가 속한 그룹과 그 속에 속한 사람들이 나를 대변하는 시대가 되었다.

나는 나보다 나이가 많은 닮고 싶은 여성 기업가, 작가들을 종종 만난다. 그리고 항상 조언을 요청한다. 내가 보지 못하는 나의 잘못된 점, 부족한 점, 겸손하지 못한 점에 대해 솔직히 말해 달라고 부탁을 드리면 감사하게도 아주 섬세하고 신중하게 충고를 해 준다. 그렇게 타인의 피드백을 통해 나를 점검해 가다 보면 내가 현재 위치해 있는 곳이 어디인지 더 잘 알게 된다.

겸손은 선한 영향력의 필수덕목이다

더불어 사람과의 관계를 잘해 나갈 수 있는 최고의 것으로 나는 '겸손'을 꼽고 싶다. 내 명리학 사부인 래피 님은 주역의 64괘 중 한 효도 흉하거나 인색하지 않은, 즉 나쁘지 않은 괘가 '겸괘'라 말한다. 괘의 형태를 보면 땅 위에 우뚝 솟아 있어야 할 산이 땅 밑에 있는데, 높은 산이 낮은 땅에 허리를 굽혀 겸손한 자세를 취한다는 뜻이라고 한다.

달도 차면 기울고, 그릇도 차면 넘친다고 했다. 겸손을 항상 마음에 두고 살면 좋은 관계를 이어갈 수 있다. '겸손'은 점점 더 투명해지는 세상에서 반드시 필요한 필수덕목이다.

영향력은 사람을 통해 얻는다. 선한 영향력을 펼치며 인맥자산을 넓혀 가는 방법은 겸손한 마음과 더불어 다른 사람의 입장에서 생각해 보고 상대의 마음을 헤아릴 줄 아는 사람이 되어야 한다. 우리에게 건강한 사람들과의 건강한 관계는 곧 부이고 재산인 것을 잊지 말자.

이젠 Think and do 할 때!

<생각대로사는여자>

도대체 1등이 뭐가 중요해
등수는 상관없어

니가 원하는 모습으로
널 기억하는 게 중요해

남들과 비교하지 마
너만의 컨셉을 찾아

너가 가장 중요한 게 뭔지
하나만 담고 지워

너만의 색안경을 끼고
세상을 바라봐

너의 색이 입혀진 세상이
진짜 너의 것!

No라고만 하지 말고
무조건 Yes라 대답해
생각한 대로 현실이 될 거야 진짜야

* * *

운을 너무 믿지 마
그건 자격 있는 사람에게만 찾아가

생각대로 살고 싶어?
그럼 행동해. 지금 당장.

안 되는 이유 말고

잘되는 방법을 찾아

No라고만 하지 말고
무조건 바로 시작해!
생각한 대로 현실이 될 거야 진짜야

(Rap)
너는 너대로 그리고 나는 나대로
서로가 다를 뿐이야 각자 원한 바대로
양 갈래로 열심히 달려 이뤄내 뱉은 말대로
청춘을 바쳐 푹- 빠져
발걸음 맞춰 패턴을 바꿔
나만이 가진 강점에 그저 몸을 맡겨
넘버 원보단 온리 원-
넘버 원보단 온리 원-

Raya Park의 4번째 디지털 싱글 앨범 <Live as you Think>
'생각대로사는여자 (Feat. 래피) - 영향력을 돈으로 만드는 기술' 북OST

겨루는 세상 말고 즐기는 세상을 살고자 하는 사람들이 더 많아졌으면 하는 바람으로 이 책을 썼습니다. 남들처럼 말고 나답게, 무조건 된다고 믿고 방법을 찾고, 생각만 하지 않고 반드시 해보는 실행력으로 Think and Do하며, 자신의 카테고리 안에서 영향력을 펼치는 마이크로 인플루언서들이 더 많아지길 바랍니다.

이제 생각만 하지 말고 지금 당장 실행하세요. 이 책을 끝까지 한 번 읽고 난 뒤, 다시 책장을 열었을 때에는 노트북 앞에서 한 장 한 장 곱씹으며 여러분의 채널을 세팅하고 콘텐츠를 만들고, 내가 무엇을 하는 사람인지 나만의 메뉴판을 통해 세상에 나의 영향력을 증명해 보이기 바랍니다.

Thanks to ··

이 책이 나오기까지 참 많은 분들의 도움을 받았습니다.
끝까지 저를 붙들어 주신 최고의 편집자, 천그루숲 백광옥 대표님.
언제나 든든한 응원군이자 최고의 북마케터 백지수 팀장님.
책 기획을 도와주시고 좋은 아이디어를 제공해 주신 이진아 대표님.
글 감옥에서 초고를 쓰도록 이끌어 주신 장치혁 대표님.
가장 가까이에서 책 쓰기 코칭을 통해 도움을 주신 남인숙 작가님.
북OST 제작에 도움을 주신 래피, 소근남, MC한새, 백키, 신수민, 플루디, 재희 님.
책 속에 기꺼이 사례가 되어 주신 감사한 지인분들.
책 나오기만을 기다려 주시고 응원해 주시는 저의 SNS 친구분들.
저를 세상에서 가장 자랑스러워하시고 사랑해 주시는
아빠 박승호 님, 엄마 곽라원 님, 그리고 할머니 노재순 님.
그리고 나의 심장, 우리 아들 인서에게
감사와 사랑의 마음을 전합니다.

작은 영향력으로 큰 결과를 만들어 내는
마이크로 인플루언서
영향력을 돈으로 만드는 기술

초판 1쇄 발행 · 2021년 1월 30일
초판 4쇄 발행 · 2023년 3월 20일

지은이 · 박제인
펴낸이 · 백광옥
펴낸곳 · (주)천그루숲
등   록 · 2016년 8월 24일 제2016-000049호

주소 · (06990) 서울시 동작구 동작대로29길 119
전화 · 0507-1418-0784 | **팩스** · 050-4022-0784 | **카카오톡** · 천그루숲
이메일 ilove784@gmail.com

기획/홍보 백지수
인쇄 예림인쇄 | **제책** 예림바인딩

ISBN 979-11-88348-82-4 (13320) 종이책
ISBN 979-11-88348-83-1 (15320) 전자책